AROUND

Vol.96
2024 August

오늘 입는 옷 Be Yourself

ISSN 2287-4216
ISBN 979-11-6754-036-2
KRW 18,000

KB081364

Jung Seungmin, Park Choeun, Min Sooki, Kang Sumin, Park Jisoo, Sophie Lou Jacobsen, Kim Doyoung, Hiyojeong, Mascompany, Theriaca, Havehad, Son Jinkyu

의식주에서 가장 앞자리를 맡은 '의衣'. 그동안 먹거나 사는 곳은
자주 다뤘지만, 입는 이야기는 《AROUND》에서 처음으로 다룬다.
몸에 걸치는 용도를 넘어 스스로 찾은 나다운 모습으로 타인과
관계를 형성하는 '의'에 대해 이야기하려 한다.
나는 어린 시절부터 옷을 좋아했다. 꼭 사지 않더라도 옷을
구경하고, 입어보는 일을 즐겼다. 어느 날은 빈티지 상점에 세월을
거스른 옷이나 신발, 액세서리를 보고 흠뻑 빠졌다. 기성복보다
훨씬 다양했고, 색상이나 곳곳의 디테일을 통해 지나온 시간의
흔적까지 눈치챌 수 있었다. 신나게 이 옷 저 옷을 입어보며 내
삶의 가치관도 또렷해졌다. 매 시즌 약속이라도 한 듯 같은 옷을
입는 것보다는 다양한 시도를 해 보고 싶어진 것이다. 삶을 대하는
태도도 유연하게 열린 마음으로 변해갔다. 패션에서 틀린 건
없었다. 다름이 있을 뿐이었다.
내가 생각하는 멋쟁이는 옷이 바로 자신이 되는 사람이다. 옷이
그 사람과 밀착되어 하나로 보일 때가 있다. 분명 생명이 없는
티셔츠 하나조차도 그가 입으면 살아 숨 쉬는 듯한, 물건에 영혼을
불어넣어 준 느낌이랄까. 아마도 자신을 잘 알고 어떻게 보이고
싶은지 명확한 기준이 있는 사람일 테다.
세상에 같은 사람이 없듯 패션도 자유롭고 다양해야 한다.
어라운드에서 만난 사람들도 그들이 추구하는 삶과 모습이
닮아있다. 유연하며 자유로운 표현의 수단으로 입고 즐기는
사람들의 다양한 이야기를 전해 본다.

김이경—편집장

Contents

Pictorial   006   오늘 무얼 입었나요?

손진규

Interview   020   빼곡한 하루치 밀도

정승민 — TRVR

036   닮고 싶은 그녀의 것

박초은 — 시엔느

050   매일 똑같은 남자

민수기 — 므스크샵

058   편하고 오래 가는 마음

강수민 — 미구프로덕트

066   두 발끝 리본처럼

박지수 — 오에프알 서울·미라벨

074   사물과 사람과의 정서적 연결

소피 루 제이콥슨 — 디자이너

084   별 볼 일 있는 티셔츠

김도영 — 김씨네과일

088   사랑을 엮어 입는 사람

히요정 — 콘텐츠 크리에이터

092   이왕이면 오래된 것

이승영·이동관 — 마스컴퍼니

Brand   096   무엇이든 옷이 되는 세상 / 테리어카

102   내가 되는 이 도시에서 / 해브해드

Culture   112   멋쟁이라 불렸던 사나이

118   갓 구운 티셔츠와 한 장의 우주

Essay   124   우리의 옷장에는 당신이 있어요

Place   128   옷을 골라 소개하는 장소

Item   134   딱 한 장만 고른다면

Essay   142   [뜻밖의 다정함] 나의 첫 점프슈트

146   [Music Around Us] 패션을 리스펙트하라

150   [에디터 K의 아무렇게나 살아보는 여행] 한때는 뽀대 작살이었던 사람

154   [세상에 없는 마을] 옷의 기억들

162   [멀리 달아나며 늘 함께] 옷이라는 작은 공부

166   [행복하고 싶어요] 패션은 중요한가?

170   [Movie & Book] 엄마의 옷장

What Did You Wear Today?

오늘 무얼 입었나요?

손진규

에디터 **이명주**

한국에서 프랑스로 인사를 건네게 되었네요. 반가워요.
안녕하세요. 저는 '공손필름'이라는 이름으로 사진과 영상을 만드는 손진규입니다.
현재는 파리와 니스, 암스테르담, 뉴욕 등에서 웨딩 스냅과 광고, 패션 등 다양하게
작업하고 있어요. 프랑스에 머문 건 2016년부터인데요. 파리의 '뱅센Vincennes'이라는
도시에서 아내, 반려견 베리와 함께 지내고 있습니다.

뱅센에서 어떤 일상을 보내고 있는지 궁금해요. 그곳의 여름도 많이 더운가요?
한국보다는 선선한 것 같아요(웃음). 공손필름을 아내와 함께 운영하고 있어서, 일과의
대부분을 사진과 영상 촬영, 편집을 하며 보내고 있습니다. 바빠도 하루 두 번은
꼭 베리와 가까운 숲으로 산책 가고요. 팬데믹 시절에 저와 아내가 잠시 한국에서
지냈는데, 그때 임시보호 중이던 베리를 만났어요. 함께 파리로 온 후에는 산책하면서
이 친구에게 더 넓은 세상을 보여주는 게 일상에서 가장 즐거운 일이 됐어요.

기분 좋은 루틴이네요. 사진 작업은 어떻게 시작했어요?
마르세유에서 대학교를 다니면서 개인 작업을 하고 커플 스냅 사진을 찍었던 게
시초인데, 지금은 회사까지 꾸리게 되었네요. 사진은 저한테 '애정'이라는 단어
자체예요. 스냅 작업을 의뢰한 커플들이나 도시 곳곳에서 추억을 만드는 이름 모를
이들 사이의 사랑이 느껴지거든요. 피사체인 그들에게 제 애정을 주기도 하고요.

**개인 계정 속 사진을 흥미롭게 지켜봤어요. 길거리에서 만난 사람들과 풍경을
자연스럽게 담았더라고요.**
사랑하는 모든 이의 뒷모습을 남겨보자는 마음으로 작업한 사진이에요. 조금씩 모으던
것이 이제는 꽤 쌓여 저만의 작업으로 자리 잡았네요. 손잡고 가는 노부부, 강아지와
함께 걷는 누군가, 벤치에 나란히 앉아 속삭이는 두 사람, 혼자서도 충만한 시간을
보내는 이들…. 길을 걷다가 이런 장면을 발견하면 피사체의 감정에 스며들 수 있도록
한참 바라보다 셔터를 누르곤 합니다. 파리에서는 팔레 루아얄 정원이나 마레지구,
센강 주변과 카페가 배경이 되어줘요. 다른 나라의 도시들도 거닐곤 하고요.

여러 도시를 거닐다 보면 그곳의 사람들이 가진 특징도 와닿을 것 같아요.

그렇죠. 파리나 암스테르담, 뉴욕은 대도시라는 공통점이 있지만 프레임에 담길 때는 조금씩 달라요. 예를 들어 암스테르담은 친근한 분위기를 풍기는데요. 창 너머로 보이는 집마다 큰 식물이 놓여 있고 근처에는 가족과 반려동물이 머물러요. 뉴욕은 다른 도시보다 차갑고 분주한 느낌이 강한데, 그래서인지 바쁜 이들 가운데서 여유를 찾아내는 사람들을 찍게 되죠. 그리고 파리는 젊은 사람뿐 아니라 어르신들도 옷차림이 다양해서 거리를 걸을 때 눈이 즐거워요.

사진 속 사람들에게는 특별한 유행이 보이지 않아요. 나이, 성별보단 취향이 중요해 보이고요.

유행이 빠른 한국과 다른 부분이라고 생각해요. 저는 유독 매력적인 패션과 취향을 가진 어르신들을 좋아해요. 당장 떠오르는 것만 읊어봐도 뉴발란스 운동화에 새파란 양말, 청바지와 셔츠에 블레이저를 걸친 할아버지들, 낮은 단화에 빨간 치마를 입거나 노란색 아우터에 멋진 스카프를 두른 할머니들처럼 무수해요. 블랑제리에 빵을 사러 가거나 마르쉐에 장 보러 갈 때도 멋을 잃지 않는 게 참 인상적이죠. 그들에게는 자연스러운 삶의 태도일지 모르지만, 닮고 싶은 모습이에요. 앞으로도 더 많은 어르신들을 만나서 그들의 삶을, 그분들을 위한 사진을 기록하고 싶어요.

거리의 멋쟁이 어르신들과 기억에 남는 만남도 있었나요?

아내와 암스테르담에서 식당에 갔는데, 옆 테이블에 먼저 식사 중이던 노부부가 계셨어요. 할머니의 블라우스와 할아버지의 페도라가 빨간색으로 꼭 맞춰져 있었죠. 옷차림도 물론이지만, 식당에서 흘러나오는 노래를 가리키며 60여 년 전 두 분이 처음 만났을 때 들었다면서 즐거워하던 모습이 더 기억에 남아요. 여든이 훌쩍 넘어도 여전히 인생을 즐기면서 사랑하는 이들과 소통하고 교감하는 게 인생의 낙이라고 하셨어요. 여느 20대와 다르지 않는 두 분의 사랑과 삶을 대하는 태도를 보면서 제가 나이 들면 어떻게 살아갈 것인지에 대한 영감을 얻었죠.

옷차림은 한 사람이 삶을 대하는 방식을 투영하잖아요. 작가님은 어떤 옷을 주로 입는지 궁금해지는데요?

음… 검정색 옷이 많아요. 바지는 통이 넓고 움직일 때 편한 걸 골라 입는 편인데, 자주 입는 작업복은 똑같은 걸로 여러 벌 구비해 두죠. 신발은 '호카Hoka', 모자를 포함한 옷은 '슈프림Supreme', '아크테릭스Arcteryx' 등을 좋아해요.

컬러가 눈에 띄는 사진들과는 사뭇 다른 차림새예요(웃음).

작업할 때는 오래 걷거나 서 있다 보니 편한 옷과 운동화가 제일이더라고요(웃음). 단정하게 입는 걸 좋아해서 남들에게 튀지 않고 무난하게 보이는 옷을 골라요. 그런데 이상하게도 길거리를 다닐 때는 컬러감이 또렷하고 자신만의 취향을 기꺼이 드러내는 이들에게 시선이 가요. 나의 부족한 부분을 피사체를 통해 마음 한편에서 충족시키는 걸지도 모르겠어요.

누군가는 옷으로, 또 다른 이는 사진으로, 나만의 취향과 시선을 표현하는 거겠죠.

맞아요. 전부 자신을 표현하는 수단이니까요. 제 시선이 드러난 작업물을 통해 보는 이에게 감정을 전하고 싶어요. 사진을 보는 순간, 마음이 일렁이면서 추구하는 삶의 방향이 떠오른다면 더할 나위 없이 기쁠 거예요.

Day By Day, TRVR
빼곡한 하루치 밀도

정승민—TRVR

에디터 이주연(산책방)
포토그래퍼 Hae Ran

대체로 브랜드라 함은 정체성을 나타내는 한마디 문구를 곁 하고 있다. 의류 브랜드,
문구 브랜드, 가구 브랜드…. 그러나 TRVR엔 뚜렷한 울타리가 없다. 우리네 삶, 그리고
시간과 나란한 TRVR은 뭐든 될 수도, 할 수도 있다. 앞치마, 모자, 가방, 옷은 물론이고
여행까지도! TRVR의 디렉터이자 디자이너 정승민은 흘러가는 삶의 태도에 걸맞은
것들을 만들어 나간다. 어제도, 오늘도, 내일도 있을 무엇. 그것에 '클래식'이라 이름
붙인 그에게서 담백한 철학을 읽는다. 보통의 하루를 여행하듯 보내면 한층 선명하게
기억할 수 있다고 말하는 그의 목소리엔 모든 시간을 진심으로 유영하는 듯한 깊이가
있다. 나 자신의 시간뿐 아니라 가족의 시간까지 두루 살피며 한층 풍성한 인생을
살아가는 사람. 그것이 어제도, 오늘도, 내일도 지속될 정승민의 완고한 클래식 아닐까.

우리 뇌는 매일 반복되는 일은 최대한 지워서 공간을 만들고
여행처럼 특별한 일은 최대한 기억하려고 한대요.
그래서 저는 하루를 여행처럼, 밀도 있게 채워 나가려고 해요.

섬세해지는 아름다움

TRVR은 지나다니며 흘낏 살피기만 하다가 처음 들어와 봐요. 굽이굽이 올라오는 길이 꼭 탐험하는 것 같았어요. 오가기 좀 어려운 데 있죠? 날도 더운데 올라오느라 고생하셨어요.

이런 길 좋아해요. 오르막은 이 동네만의 매력이기도 하잖아요(웃음). 독자들에게 인사해 주실래요?

반갑습니다, 이것저것 여러 일을 하면서 지내는 디자이너 정승민이에요.

승민 씨에겐 여러 정체성이 있죠. 디렉터, 대표, 작가⋯. 그중 가장 힘이 센 자아는 역시 디자이너인가요?

그렇죠. 대표라는 건 직업보단 역할의 영역이지만 디자이너는 명확한 제 직업이에요. 역할은 주변에 사람이 존재하지 않으면 의미가 없지만, 직업은 주변에 누가 있든 저를 나타낼 수 있는 거라고 생각해요. 그런 의미에서 세상이, 주변이 어떻게 변해도 저를 표현할 수 있는 건 디자이너란 직업이 아닐까 싶어요.

대구에서 나고 자랐지만 디자이너를 꿈꾸면서 서울로 올라오셨다고요.

어릴 때부터 미술을 좋아했어요. 초등학생 때는 미술 학원 가는 게 제일 재미있었는데, 가정 형편이 여의치 않아 중학생 때 그만두게 됐어요. 어릴 때는 금세 다른 관심사가 생기기 마련인데 계속 미술에 대한 열망이 있었어요. 그런 제 마음을 알고 계신 부모님이 고등학교 진학 때 미술을 다시 해보라고 제안해 주셨어요. 그러다 대학 입시를 준비하면서는 제가 특히 흥미를 느끼는 부분을 살펴봤는데요, 저는 그림으로 나를 표현하기보단 대상을 만들어가는 과정에 좀더 재미를 느끼는 사람이었어요. 순수미술보단 디자인이 잘 맞겠다 생각해서 전공하게 됐죠.

전공해 보니 어땠어요?

저는 디자인이 하나의 언어라고 생각해요. 여기 머그컵이 하나 있는데요. 누가 굳이 가르쳐 주지 않아도 우리는 이 컵의 둥그런 고리에 손가락을 걸고 감싸 쥐어서 마신다는 걸 알아요. 이런 소통을 디자인으로 풀어나가는 게 즐겁더라고요. 우리 주변을 둘러보면 말로 설명하지 않아도 디자인이란 언어로 소통할 수 있는 것들이 많아요. 디자인 이론 과목도 충분히 흥미로웠지만, 생활의 곳곳을 이루고 있는 디자인을 바라보고, 발견하고, 그걸 언어로 대하는 과정이 좋았어요.

디자인을 소통 방식으로 대한 거군요. 그런 의미에서 승민 씨의 소통 방식은 참 다채로워요. 디자인, 영상, 사진 등 경계를 넘나들면서 작업하고 있죠.

제가 하는 일을 칼로 두부 자르듯이 나누긴 어려워요. 디자인만 봐도 그래요. 그래픽 디자인, 공간 디자인 등으로 크게 영역을 나누기도 하지만, 섬세하게 파고들면 결국 모두 만난다고 생각하거든요. 이 공간만 보더라도 공간 디자인의 영역처럼 보이지만 구석구석 살피면 그래픽적인 레이아웃을 만날 수 있어요. 포스터를 만든다고 해도 디자인에만 신경 쓰는 게 아니라 포스터가 놓일 공간까지 생각해야 하고요. 결국 모든 게 경계 없이 만나게 되는 거죠. 한창 브랜딩 작업할 때 많이 느낀 부분이기도 한데요. 가령, 클라이언트가 이탈리안 레스토랑을 만들고 싶다는 의뢰를 해오면 우린 그 내용보다 훨씬 폭넓은 영역을 생각해야 해요. 클라이언트는 메뉴 위주로 생각하며 식당을 구상하지만 우리는 그 음식과 어울리는 공간과 세부 요소까지 고민해야 하니까요. 플레이팅, 테이블, 테이블과 어울리는 의자, 이 모든 게 어울리는 공간, 공간에서 흘러나올 음악과 향, 온도⋯. 가장 높은 완성도를 위해서는 오감이 균형을 이루어야 해요. 결국 어느 한 분야에만 집중한다고 해도 그와 연결된 다른 걸

고려하지 않을 수 없는 거죠. 물론 처음부터 이런 생각을 하면서 경계 없는 작업을 해온 건 아니었어요. 초반엔 브랜드를 혼자 이끌어가야 하니까 여러 역할을 직접 해야만 했죠. 그러다 브랜딩을 하면서는 좀더 디테일하게 다양한 영역이 연결돼 있다는 걸 알게 된 거고요. 여러 경험이 쌓이면서 저한테도 나름의 역량이 생겼다고 생각해요.

승민 씨는 누군가 직업을 물어보면 우스갯소리로 '잡부'라 대답하신다고요(웃음). 망치, 드릴, 카메라…. 모든 게 작업 도구가 될 수 있다는 말이 인상 깊어요.
작업 도구를 한정하거나 정해두지 않고 주변 상황에 맞춰서 이것저것 잘 이용하는 편이에요. 망치가 없는데 무언가를 두드려서 박아야 한다면 돌을 활용하는 식이죠. 주변엔 필요한 걸 대체할 무언가가 늘 있어요. 누구나 생각할 수 있는 것들인데 저는 그걸 조금 더 빠르게 캐치하고 활용하는 사람 같아요. 제 배우자 윤주 씨는 그런 저를 보고 맥가이버라고 하더라고요(웃음). 남들보다 임기응변이 뛰어난 편이긴 해요. 도구가 있다면 가리지 않는 성격이기도 하고요. 예전엔 용접이나 미장도 직접 하곤 했죠. 대단한 기술은 아니지만 다양한 경험을 하며 살아왔어요.

주변에 있는 걸 잘 활용하는 건 대단한 기술이지요. 타고난 감각이란 생각도 들고요. 경계를 두지 않는다는 건 경계에 갇히지 않는다는 의미 같기도 해요.
딸 리사가 태어난 다음엔 더 그렇게 됐어요. 제가 좁은 시각으로 아이를 대하면 모든 걸 제 주관으로 해석하고 이끄는 게 될 테니, 그러지 않기 위해 경계하게 된 거죠. 앞으로의 세상은 어떻게 변할지 아무도 모르기 때문에 제 생각이 정답은 아니거든요. 그래서 어떤 틀을 갖추지 않고 최대한 열어놓으려고 해요. 고정관념을 조심하면서요.

책 《우리만의 사적인 아틀란티스》에 아름다움에 관해 이런 이야기를 쓰셨죠. 이십 대와 삼십 대 초반에는 시각적으로 아름다운 걸 보는 것이 삶의 큰 기쁨이었지만, 사십 대에 가까워지면서 아름다움을 보고 느끼는 감각이 좀더 확장되었다고요.
디자이너라는 직업을 가져서 좋은 점 중 하나는 아름답다는 느낌이 점점 더 섬세해진다는 거예요. 오감 중 아름다움에 가장 빨리 반응하는 건 아마 시각일 거예요. 그래서 예전에는 시각적인 부분을 예민하게 다루곤 했는데, 시간이 지나면서 결국 시각이라는 것도 주변 감각이 있어야만 존재한다는 걸 알게 됐어요. 《우리만의

사적인 아틀란티스》는 딸과 단둘이 떠난 이탈리아 작은 바닷가 마을, 풀리아에서의 이야기를 담은 에세이인데요. 이 책에 있는 사진을 보면 순간의 찰나를 기록한 거지만 저한테는 떠오르는 감상이 굉장히 많아요. 그때 날씨, 그때 우리가 먹은 거, 그때 들은 바닷소리…. 예전에는 아름다움이 단순히 사진에 담긴 시각적인 것이었다면 지금은 그 안에 취향과 경험이 담기는 것 같아요. 아름답다고 느끼는 시각 요소만큼 아름답다고 느끼는 소리, 맛, 향이 생겨나고 있는 거죠.

누구나 겪을 수 있는 변화는 아니라고 생각해요. 경험이나 생각도 큰 역할을 할 것 같고요.
경험은 정말 중요해요. 사실 우리가 직접 보지 않은 걸 상상하면서 아름답다고 느끼는 건 어렵잖아요. 경험과 더불어 상황도 중요한 요소죠. 제가 경험을 이야기할 때 자주 하는 말인데, 시인과촌장의 '풍경'이란 노래에 이런 구절이 있어요. "세상 풍경 중에서 제일 아름다운 풍경 모든 것들이 제자리로 돌아오는 풍경" 모든 게 제자리에 있는 게 아름답다고 느끼는 사람은 모든 게 제자리에 있지 않은 걸 경험한 사람일 거예요. 그런 상황에 놓여봤으니 아름답다는 걸 아는 거죠. 흔히 그런 이야기를 하잖아요, 건강이 가장 소중하고 감사한 거라고. 아파본 사람만이 진정으로 할 수 있는 이야기라고 생각해요. 감사하다는 감각은 그렇지 않은 경험을 했기 때문에 느낄 수 있는 거니까요.

좋은 경험만 변화에 영향을 미치는 건 아닐 거예요. 부정적인 경험도 나를 변화시키는 요소 중 하나겠죠.
누구나 한 번쯤은 스스로 '나는 난사람인가?' 하고 물을 때가 있을 것 같아요. 저도 한때는 제 분야에서 제가 난사람인지 자문하며 괴로워할 때가 있었는데요. 그 당시 저는 이것저것 뭔가를 하고는 있긴 한데 하나를 딱 꼬집어서 잘한다고 말하긴 어렵다는 데서 스트레스를 받았어요. 그런데 세월이 지나고 나서 돌아보니 오히려 여러 가지를 해온 경험이 저한테 자산이 되어 있더라고요. 특히 브랜딩 작업을 하면서 제가 할 수 있는 영역이 생각보다 많다는 걸 깨달았어요. 한 가지 분야를 뾰족하게 잘하지 못했다고 해도 얇고 넓게 해나가면서 단단해졌다는 걸 알게 된 거죠. 한 분야에 엄청 깊진 않을지언정 다양하게 해오면서 다른 사람이 못 보는 넓은 시각을 가지게 됐어요.

사람과 나란한 브랜드

승민 씨와 TRVR은 닮았다는 생각이 들어요. 브랜드를 소개할 때도 어떤 한 장르로 규정하고 싶은 마음은 없다고 이야기하죠. "우리는 삶을 디자인하고자 한다. 어떤 장르 하나를 선택해서 브랜드로서 장르를 만들어 나갈 수 있지만 사람이 장르로 맞춰지지는 않는다."라는 이야기가 기억에 남아요.

세상은 계속 바뀌어요. 그 속도는 제가 상상하는 것 이상으로 빠르죠. '우리 브랜드는 이래야 해.' 하고 규정짓는다한들, 그것이 미래에도 유효할까요? 저는 뭐든 확신하고 규정하는 걸 조심하려고 해요. 제가 TRVR로 하고 싶은 건 세상이 변하는 흐름에 따라 사람이 어떻게 변하는지 살피고, 지금 우리 삶에 필요한 걸 제안하는 거예요. 과거엔 빗살무늬토기가 생활양식에 맞는 아름다운 물건이었지만 지금 우리는 사용하지 않잖아요. 이처럼 세상이 바뀌면서 사라지는 물건, 직업이 굉장히 많아요. 그만큼 앞으로 생겨나는 것도 많아질 거고요. 브랜드는 결국 사람과 같이 가야 해요. 사람의 라이프스타일이 변한다면 브랜드도 거기 맞춰서 변해야 하는 거죠.

과거와 현재의 라이프스타일은 분명히 달라졌어요. 그 안에서 개개인의 라이프스타일은 또 모두 다르겠지요. 이 모두를 고려하긴 어려울 텐데, 그중에서도 승민 씨가 특히 집중하는 부분이 있다면요?

사람들은 흔히 '10년 뒤엔 뭐가 어떻게 바뀔까?'라는 이야기를 자주 하는데요. 10년 뒤에 바뀌지 않는 게… 과연 있을까요? 웬만한 건 다 바뀌는 세상이기 때문에 TRVR이 흥미롭게 보는 건 오히려 '10년 뒤에도 바뀌지 않을 것'이에요. 저희는 그걸 클래식이라 이야기하죠.

TRVR의 클래식을 "어제도 있고 오늘도 있고 내일도 있는 것"이라고 하셨죠.

맞아요. 오늘도 시간이 지나면 과거가 돼요. 그러니까 지금 있는 것은 과거에도 있는 것이어야 할 거예요. 미래에도 존재할 수 있어야 유의미할 거고요. 그래서 과거부터 미래까지, 언제나 있는 것을 클래식이라 이야기하고 싶어요.

2034년에도 변하지 않을 것은 무엇이라고 생각하세요?

아이템으로 이야기하긴 정말 어려워요. 10년 뒤 스타일을 제가 예측할 순 없지만 본질에 관해서라면 이야기해 볼 수 있을 것 같아요. TRVR은 유행에 따르지 않고 시간이 지나도 사랑받는 타임리스 디자인을 따르고 있어요. 본질에

충실한 디자인이죠. 가령, 가방의 본질은 '물건을 담는 것과 이동하는 것'이에요. 이 본질은 시간이 지나도 변하지 않을 텐데요. 10년 뒤에도 본질이 제 기능을 하도록 유지되려면 제대로 된 만듦새, 이른바 퀄리티에 신경 써야 할 거예요. 보태어 10년 뒤에도 유지될 수 있는 소재여야 10년 뒤에도 꾸준하게 TRVR의 메시지를 담을 수 있겠죠.

변하지 않는 요소에 어쩐지 보이지 않는 것들만 떠올랐는데 생각해 보면 소재도 중요한 요소겠네요.

어쨌든 TRVR이 만드는 건 제품이니까요. 요즘은 소재를 선택할 때 지속 가능성에 관해 많이 생각해요. 환경 이슈는 지금 우리 시대의 커다란 문제니까요. 계속 살아남는 브랜드가 되기 위해서는 사회에 최소한의 책임을 지면서 비즈니스를 이어가야 해요. 사회가 존재해야 브랜드도 존재할 수 있으니까, 사회와 환경을 생각하는 건 브랜드로서 응당 해야 하는 일인 거죠. 그런 시각에서 TRVR은 3-4년 전부터 소재에 특히 집중하고 있어요. 우리한테 필요한 소재를 직접 개발해 보기로 했죠. 우리만의 소재로, 우리가 전하고자 하는 메시지를 지속적으로 내보내기 위한 선택이었어요.

많은 게 빠르게 생산되고 소비되는 시대에 쉽지 않은 결정이었을 텐데요. 어떤 소재인지 소개해 주실래요?

마침 소재를 테마로 적어 둔 글이 있는데, 아직 좀 거칠지만 있는 그대로 읽어 볼게요. "가방을 만들기 위해 우리는 먼저 소재를 선택했다. 단순히 소재를 선택하는 데 그치지 않고 우리가 생각하는 이상적인 소재를 만들기 위해 부단히 노력했다. 소재를 개발한다는 건 우리가 제품을 통해서 이야기하고자 하는 메시지를 전하기 위한 가장 기초가 되는 작업이고, 다른 제품과 차별점을 가지는 일이다. 또한, 우리가 전하고자 하는 메시지를 계속 전할 수 있는지, 그 지속성 여부가 결정되는 일이기도 하다. 그렇게 오랜 시간 걸쳐 개발한 소재에 관해 깊이 연구하며 테스트한다. 가방은 단일 소재로만 만들어지는 경우가 드물기 때문에 함께 사용하는 다른 소재의 물성을 파악하여 조화를 이루도록 설계해야 한다. 소재의 기능적인 부분뿐 아니라 미적인 면까지 함께 고려하고 있다. 시각적으로 매력적인지, 빛에는 어떻게 반응하는지, 원단의 구김과 꺾임은 어떻게 표현되는지…." 여기 놓여 있는 가방만 봐도 한 가지 소재로만 이루어져 있지 않아요. 면, 가죽, 금속… 다양한 재료가 균형을 이루는 게 중요해요. 한 번 하고 말 게 아니니까 무책임하게 대하면 안 되는 거죠. 계속해서

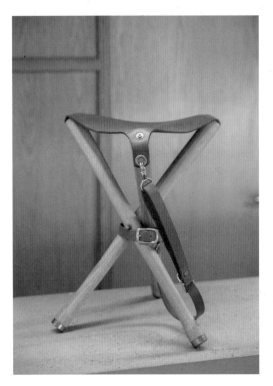

조화를 이루는 물성을 찾아 발전시켜 나가는 과정을 거치고
있어요.

**TRVR은 결국 사람들의 변하는 라이프스타일에 초점을
맞추게 될 텐데요. 승민 씨의 라이프스타일은 어때요?**
라이프스타일은 어떤 관점으로 보느냐에 따라 달라질
텐데, 제 핵심은 '시간'이에요. 정확히 이야기하자면
'시간 관리'. 저는 살면서 '이 시간을 어떻게 알차게
보낼까?'라는 생각을 제일 많이 해요. 우리는 매일 거울을
보며 살지만 나이 들었다는 걸 매번 체감하진 않거든요.
그런데 제 아이의 성장은 참 드라마틱하더라고요. 저는
제 시간이 흐른다는 걸, 제가 나이 먹는다는 걸 리사가
자라는 걸 보면서 실감해요. 제가 누워 있어도, 열심히
일을 해도 시간은 공평하게 흘러가고 있다는 걸 선명하게
느끼게 됐죠. 그러면서 시간을 잘 쓰는 게 중요하다는 걸
깨달았어요. 지금 제 라이프스타일은 시간을 효율적으로
사용하는 삶에 집중해 있어요. 자연스럽게 게으른 순간을
경계하게 됐고, 분초 단위까지는 아니더라도 하루를
타이트하게 계획해서 사용하려고 노력하죠. 시간을
효율적으로 쓰기 위해선 '어떻게'가 가장 중요하다고
보는데요. 지금은 그 시간의 대부분을 도전하는 데 쓰고
있어요. 영어 공부, 운동 같은 간단한 것이라도 늘 새로운
걸 접하려고 하면서요.

이번 호에서는 비주얼에 관해 이야기해요. 나를 꾸미는
도구로서의 패션이 아니라, 우리 삶의 태도가 드러나는
외형의 모습에 관해 이야기해 보려고 하죠. 이를테면 편한
걸 추구하는 사람은 활동하기 편한 옷을 고를 테고, 안구
건강을 중요하게 여기는 사람은 외출할 때 꼭 선글라스를
쓸텐데, 그런 의미에서 승민 씨의 비주얼은 어떤가요?
기본적으로 편한 옷을 선호하고, 예전부터 입던 걸
꾸준하게 입는 편이에요. 아, 옷을 사거나 고를 때 원칙으로
삼는 게 하나 있는데, 로고가 보이지 않는 걸 택해요. 물론
TRVR은 브랜드니까 로고가 드러나는 디자인을 하고
있지만(웃음), 제가 입는 옷엔 로고가 두드러지지 않아요.

이유가 있어요?
로고로 내 스타일을 드러낼 수도 있지만 저는 '나'를
보여주는 수단으로 의류를 대한다면 저를 나타낼 요소가
로고는 아니라고 생각해요. 한창 대학에서 강의할 때
브랜딩의 우선순위에 관해 토론한 적이 있어요. 그때
이런 결론이 나왔죠. "사회에서 무언가를 디자인할 때
가장 먼저 해야 하는 건 나 자신의 브랜딩이다." 즉, 내가
어떻게 보여야 하는지를 살펴야 한다는 거예요. 어떤
언어, 어떤 말투, 어떤 제스처를 쓰느냐에 따라 나는
다르게 보일 거예요. 패션도 마찬가지예요. 내가 즐기는
거기도 하지만 사회적으로 봤을 땐 외형을 통해 한 사람을
보여주는 일이잖아요. 그런 면에서 패션이나 로고가 저를
대변하기보단 저라는 사람의 전체적인 조화가 드러나면
좋겠다는 생각이 커요. 어울리는 옷을 찾는 건 그다음의
일이겠죠. 나한테 잘 어울리는 옷이면 좋을 테고, 신체적
단점을 가려주는 옷이라면 더 좋겠죠. 드러내고 싶은
신체적 장점이 있다면 돋보이게 해주는 패션도 좋고요.

**나한테 잘 어울리는 패션을 찾는 건 참 힘들어요. 여러
스타일을 도전해 보지 않으면 정확히 알 수 없는 일 같기도
하고요.**
저한테도 너무 어려운 일이에요. 저를 포함하여 저에 대해
잘 아는 사람에게 질문하고 조언을 들어보면서 스타일을
찾아나가는 편인데요, 특히 배우자에게서 많은 조언을
듣고 있죠. 그러고 나니 확실히 제 스타일이 명확해졌어요.
저는 제 모습을 제대로 보는 데 한계가 있지만 저를 잘 아는
사람이 보는 저는 조금 더 깊이가 있거든요. 저는 거울 속
제 모습을 보는 게 전부지만 윤주 씨가 보는 저는 실체,
성향, 성격이 담긴 총체적인 저일 테니까요.

사랑방의 라이프스타일

TRVR은 트래블러Traveller에서 온 이름으로 알고 있어요.
공간의 여행이 아닌 시간 여행에 초점을 맞춘 네이밍이라고
들었는데, 조금 더 이야기해 주실래요?
TRVR을 시작한 게 2010년인데, 그때나 지금이나
저한테는 시간이 중요한 요소였어요. 시간의 여행,
그 흐름에 함께하는 제품을 만들겠다는 마음을 담은 거죠.
'시간 여행' 하면 사람들은 대부분 타임머신을 타고 과거로
가는 걸 상상하거든요. 그런데 제가 말하는 시간 여행은
누구에게나 동일하게 흐르는 시간의 흐름을 뜻해요.
영화 〈백투더퓨처〉(1985)는 30년 후의 미래를 보고 오는
이야기잖아요, 그 미래가 2015년이었던 거 아세요? 벌써
우리가 지나온 시간이죠. 우리는 계속 이렇게 시간 여행을
하고 있어요. 저는 그 안에서 꾸준하게 사용할 수 있는
제품을 만들고 싶은 거였고, 그건 지금도 마찬가지예요.

어쩌면 그 여행이란 건 일 여행일 수도 있겠어요. 최근엔
어떤 하루를 보내고 있어요?
늘 비슷하게 흘러가는 하루지만 밀도 있는 일상을 보내기
위해 노력하는데요, 에디터님 지난주 목요일에 점심 뭐
드셨어요?

네? 음….
한 번에 대답할 수 있는 사람은 아마 몇 없을 거예요.
저도 그래요. 근데 누군가 저한테 "신혼여행 첫날 점심
뭐 먹었어요?" 하면 딱 이야기할 수 있거든요. 우리 뇌는
매일 반복되는 일은 최대한 지워서 공간을 만들려고
하고, 여행처럼 특별한 일은 최대한 기억하려고 한대요.
그렇다면 일상을 여행처럼 채우면 어떨까 싶더라고요.
그럼 매일이 머릿속에 촘촘하게 남아 있을 테니까요.
그래서 하루를 여행처럼, 밀도 있게 채워 나가려고 해요.
요즘은 집에서 사이클 운동을 하면서 여행하듯 하루
밀도를 높이고 있어요. 프랑스에 '투르 드 프랑스Le Tour
de France'라는 자전거 대회가 있는데요. 로드 사이클 3대
그랜드 투어 중 가장 오래되고 유명한 대회인데, 매년
프랑스와 그 주변국을 무대로 약 3,500km의 거리를 3주
동안 매일 달리는 레이스예요. 지금이 한창 그 시즌이어서
요즘은 대회 영상을 보면서 매일 아침 그리고 밤늦게 함께
사이클을 타요. 총 21개 스테이지로 구성되는데 어제는
열 번째 스테이지를 함께 탔어요(웃음). 골방에서 사이클
기구로 운동하고 있을 뿐이지만 제 나름의 여행이라
생각하며 지내는 거죠.

마음먹기에 따라 일상의 밀도가 달라지는 거군요. 앞서
경험 이야기를 나누었는데, 경험은 작업하는 데도 크고
작은 영향을 미치는 듯해요. TRVR로 처음 만든 제품이
'사이클캡'이라고 했는데, 그 당시 자전거 안장 위에서
보내는 시간이 가장 많으셨다고요.
저는 경험하지 못한 건 디자인할 수 없다고 생각해요. 물론
할 수야 있겠죠. 그런데 '진정성을 담을 수 있느냐.'라고
하면 의문이 생겨요. 상상으로 디자인하는 것과 경험으로
하는 건 분명히 다르다고 생각하거든요. 에디터님은 칠레
음식에 관해 아시나요?

어… 전혀 모르겠어요.
(웃음) 저도 몰라요. 누군가 칠레 음식을 만들어달라고
하면 이것저것 검색해서 만드는 흉내는 낼 수 있을 거예요.
그렇지만 그건 가고자 하는 목적지가 없는 일이라고
봐요. 하지만 디자이너는 목적지가 있어야 하거든요.
기계보다 사람이 한 디자인이 아직까지 더 매력적인 이유는
디자이너의 인사이트를 반영하기 때문이라고 생각해요.
인사이트가 담겨야 더 매력 있는 디자인이 탄생할 테니까요.
제가 지금 여기 있는 분들에게 강아지를 떠올려 보라고
한다면 모두 다른 강아지를 떠올릴 거예요. 그 강아지는
저마다 어디에선가 만난 적이 있는, 본 적 있는 강아지겠죠.
경험해 보지 못한 강아지는 떠올릴 수 없을 테니까요.
이처럼, 같은 걸 디자인하더라도 어떤 사람이 풀어내느냐에
따라 결과물은 다를 거예요. 저는 저만의 통찰력이 담긴
디자인을 할 텐데 그것은 오롯이 제가 경험한 것에서
나오겠죠. 진정성 있게, 다양하게 경험한다면 다른 사람보다
더 많은 재료를 가질 수 있을 거예요. 디자이너라면 더 많은
색상의 연필을 가지고 디자인할 수 있게 되는 거죠.

지금껏 다양한 경험을 해왔다고 생각하세요?
경험의 양을 따지기보다는 계속 나다운 경험은 하고 있는
것 같아요. 제가 살면서 할 수 있는 경험을 최선을 다해서
해나가고 있다고 생각해서요.

'나답다'는 게 뭘까요?
논리적으로 이야기하긴 어렵지만… 제가 하는 모든 것이요.

우문현답이네요(웃음). 카페 TRVR에 관해서도 이야기해
볼게요. 카페는 일차적으로 '마신다'는 목적이 있는
공간이에요. 디자인할 때는 제품군이라는 경계에 갇히지
않으려 한다는 생각이 들었는데, 공간은 카페라는 목적성을

두었죠. 왜 카페를 선택하게 됐어요?

사람이 만나는 공간이라 하면 늘 이상적으로 생각해 온 모습이 있었어요. 아주 옛날부터 갖고 있던 그림인데, 딱 미국 드라마 〈프렌즈〉에 등장하는 카페 모습이죠. 주인공들이 편하게 모여서 쓸데없는 이야기나 고민을 나누는 공간인데요. 저는 그런 장소가 우리 삶에 필요한 공간이 아닐까 생각했어요. 브랜딩 작업으로 커피 브랜드와 협업할 일이 많아지면서 커피의 매력을 알게 된 것도 한몫했고요. 저는 사람들이 궁금해요. 그런데 브랜드로서는 사람과 대면할 기회가 적거든요. 공간을 열면 사람을 만나는 허들이 낮아지지 않을까 싶어서 카페를 만들게 됐죠. 저는 여기에 어떤 사람들이, 어떤 차림으로, 누구와 와서, 어떤 분위기로 대화를 나누는지 직접 느끼고 싶었어요. 여전히 궁금한 일이기도 하고요.

어디에 만드느냐도 고민이었을 것 같아요. 카페 TRVR은 이태원동에 있죠.

이 동네도 저한텐 매력적이었어요. 어느 날, 카페에 오신 손님이 저한테 왜 여기에 카페를 냈느냐고 물은 적이 있어요. 여긴 카페가 많은 곳도 아니고, 상권이 형성된 곳도 아니잖아요. 오히려 그래서 좋았어요. 여기도 카페, 저기도 카페, 맞은편도 카페인 거리보다는 주거지 사이에 있는 편이 일상 속 사랑방이 되기에 좋겠다고 생각했거든요.

자주 나와 계세요?

1층이 카페, 2층이 쇼룸, 3층이 사무실이라 매일 나와요. 오가면서 음료도 마시고, 1층에서 일할 때도 있고요.

손님을 통해 트렌드를 눈여겨보기도 하나요?

TRVR로 의류도 디자인하고 있지만 패션을 눈여겨보는 사람은 아니에요. 오히려 사람들이 뭘 하는지를 궁금해해요. 누가 어떤 옷을 입었는지는 기억에 없어도 누가 어떤 책을 읽었는지, 누가 어떤 자리에 앉아 노트북을 하고 있었는지는 그려지거든요. 저는 커피 한잔 마시면서 책 읽고, 컴퓨터 하고, 쉬는 분들을 보면서 안정감을 얻어요. 저한테 손님 구경은 '이 사람들한테 뭔가를 얻어내겠다.'는 마음에서 출발하는 건 아니에요. 오히려 흘러가는 그대로 두는 풍경 같은 거죠.

TRVR은 다양한 행보를 걸어왔지만 대표적인 제품이라고 하면 많은 사람이 '젠틀맨스 에이프런Gentleman's Apron'을 떠올릴 거예요. 승민 씨가 필요해서 만든 제품이었다고 알고 있어요. 미국의 웹사이트 '기즈모도Gizmodo'에서 소개하면서 국내외에서 주문이 쏟아진 제품이죠.

한창 자전거 탈 땐 정비도 직접 하곤 했는데 여러 도구를 사용하다 보니 실용성 있는 앞치마가 필요했어요. 기성품은 부엌에서 쓰는 용도가 대부분이라 저만을 위한 앞치마를 직접 만들었어요. 근데 아는 디자이너분이 제가 입은 앞치마를 보곤 만들어서 팔면 어떻겠냐고 하더라고요. 팔릴까 싶은 마음에 일단은 제가 입던 걸 촬영해서 제품으로 등록해 봤는데 하나둘 주문이 들어왔어요. 초기엔 주문량이 많지 않아서 주문서가 들어오면 하나씩 직접 만들어서 판매했는데요. 어느 날 자고 일어났는데 국내외에서 메일 수백 통이 와 있는 거예요. 하룻밤 새 일어난 일이었죠. 기즈모도 소개로 '제품을 사고 싶다.', '우리 숍에서 판매하고 싶다.'는 연락들이었어요. 당시엔 '이게 무슨 일이지?' 싶었죠. 저한테는 판매할 제품 수량이 없었고, 외국으로 판매할 시스템도 갖춰져 있지 않았어요. 그래서 부랴부랴 친구한테 전화했죠. "나 해외 쇼핑몰 만들어야 해, 도와줘!" 그렇게 3일 만에 사이트를 만들고, 대량생산을 위해 공장 세팅을 시작했어요. 하지만 공장이 하루아침에 준비되진 않거든요. 혼자서는 하루에 만들 수 있는 양이 100개가 채 되지 않는데 주문은 계속 들어오는 상황이라 공장이 준비될 때까지 쉴 틈 없이 만들어야 했죠. 젠틀맨스 에이프런이 워낙 잘되니까 앞치마 전문 브랜드를 해보라는 권유도 있었는데요. 그렇게 했다면 지금보다 더 잘됐을지도 몰라요. 하지만 사람은 앞치마만으론 살 수 없잖아요. 저는 삶과 함께하는 브랜드를 만들고 싶었기 때문에 TRVR이 앞치마를 만들지언정 앞치마 브랜드가 되는 건 원치 않았어요.

홈페이지에서 읽은 젠틀맨스 에이프런 이야기가 떠오르네요. "자신의 필요에 의해, 자신이 좋아하기 때문에 하게 되는 일은 대하는 태도가 다르기 마련이다."라는 문장을 쓰셨죠. 젠틀맨스 에이프런은 좋은 결과를 낳았지만, 내가 좋아하는 걸 하다 보면 상업성과 멀어질 우려도 있을 것 같아요.

디자이너를 포함해서 예술과 창작 영역에 있는 많은 사람이 공통적으로 하는 고민일 텐데요. '팔릴 만한 걸 만들어야 하는지, 내가 만들고 싶은 걸 만들어야 하는지.' 물론 내가 하고 싶은 걸 만들어서 잘 팔리면 좋겠지만 늘 그럴 순 없으니까요. 저 역시 제품 기획 단계에서 항상 그 딜레마에 빠져요. 요즘 뭐가 유행하는지 찾아보고, 사람들 관심사를 탐색하기도 하죠. 참고하며 기획하고 있지만 저는 팔릴 만한 물건보단 제가 좋아하는 거, 잘할 수 있는 걸 만드는 쪽에 가까워요. 앞서 얘기했듯, 같은 상황이더라도 개인이 어떤 경험을 했느냐에 따라서 다른 결과물이 나오기 때문에 디자이너, 혹은 브랜드의 통찰력을 제품에 녹여야 한다고 생각하거든요. 그러기 위해서는 유행보단 저를 중심에 두는 게 올바른 방향이라고 생각해서요. 물론 TRVR도 팔릴 만한

걸 만들어본 적이 있어요. 근데, 안 팔리더라고요(웃음). TRVR은 하나의 인격체라고 생각해요. 결국 TRVR이 가진 통찰력으로 제품을 만들어내는 게 10년 후에도, 그 다음에도 지속 가능한 방향이겠죠.

최근 들어서 '직업인으로서 나의 일을 지속하려면 어떻게 해야 할까.'라는 질문을 하신다고요. 질문은 질문을 낳는 법인데, 또 어떤 질문을 던지고 있나요?
역시 시간 매니지먼트죠. '어떻게 하면 가장 효율적으로 시간을 쓸 수 있을까?' 지금 효율적으로 시간을 쓰고 있느냐 묻는다면 제 대답은 '최선을 다하고 있다.'예요. 무작정 하루에 영어 단어 두 개씩 외우라고 하면 귀찮기도 하고, 자주 잊게 될 거예요. 그렇지만 1년이 지나면 700개가 쌓인다는 걸 염두에 두면 영어 단어 두 개 외우는 게 굉장한 일처럼 느껴지겠죠. 결국 어떤 일이든 시간의 흐름을 생각하고 잘 쓰기 위해 노력해야만 그 과정에서 의미를 찾을 수 있어요. 그러기 위해 매 순간이 의미 있다고 생각하며 지내려고 해요.

시간은 승민 씨한테 정말 중요한 요소군요.
인생의 시기마다 할 수 있는 것들이 있어요. 저는 때를 놓치지 않고, 때에 맞는 도전을 계속해서 해나가고 싶어요.

그 '때'라는 건 살아가는 환경에 따라서도 달라질 것 같아요. 결혼과 출산, 육아와 같은 삶의 변화가 시간에 영향을 미치기도 하죠.
맞아요. 이전엔 퇴근하고 나면 온전한 제 시간이었지만 지금은 가족의 시간을 헤아리면서 관리해 나가고 있어요. 삶을 같이 할 사람들이 생겼는데 혼자 살 듯 지내면 문제가 생기겠죠. 특히 가족 공동의 시간을 고민해요. 우리 가족이 지금 함께 보내는 시간 안에서 함께, 또 따로 해야 하는 일들이 무엇일까 생각하며 지내요. 식사만 하더라도 혼자라면 대충 때우겠지만 함께 먹는다면 한 번 더 생각하게 되니까요. 함께하는 사람이 생긴다는 건, 제 에너지를 저뿐만 아니라 다른 곳으로도 분배하는 일이에요. 《우리만의 사적인 아틀란티스》에도 썼지만, 예전에는 여행을 떠나면 제가 가고 싶은 곳으로 가서 제가 하고 싶은 걸 했어요. 하지만 딸과 함께하는 여행은 관점이 달라야겠죠. 우리가 함께할 수 있는 게 무엇일지 생각하면서 교집합을 찾아 나가야 하니까요. 리사와 이탈리아까지 가서 리사가 못 먹는 매운 불닭볶음면을 먹을 순 없잖아요(웃음). 가족이 생긴 이후론 나와 더불어 가족을 생각하고, 그 시간을 나누는 데 집중하면서 시간 매니지먼트를 해나가고 있어요.

《우리만의 사적인 아틀란티스》에 "아빠로서 딸에게 어떤 세상을 보여주면 좋을지 치열하게 고민했다."고 쓰셨는데, 반대로 리사가 아빠에게 보여준 세상도 있었을 것 같아요.
자신의 어린 시절을 선명하게 기억하는 사람은 없을 거예요. 어린 시절 모습은 오히려 부모가 더 많이 기억하고 있죠. 그렇다는 건 리사의 지금 모습을 가장 많이 기억하게 되는 사람이 저와 윤주 씨라는 얘기겠죠. 지금 저는 리사의 모습을 최대한 온전히 기억하고 싶다는 마음이 커요. 이전의 저에겐 없던, 새로 생긴 역할이죠. 겪어보니 나는 모르는 내 모습을 누군가 기억해 준다는 데서 오는 힘이 있더라고요. 그래서 저는 최선을 다해 리사의 세상을 함께하려고 하는데요, 리사는 저한테 생각보다 훨씬 크고 넓은 세상을 보여줘요. 저 혼자 이탈리아에 갔다면 워터파크에 가는 일은 없었을 텐데 리사 덕분에 워터파크에서 수영도 해봤거든요. 어떤 옷이 어울릴지 고민하고 있으면 리사가 옆에서 이렇게 얘기해 주기도 했어요. "아빠, 아까 입은 게 더 예뻐." 단순히 옷이 잘 어울린다는 걸 넘어 저를 응원해 주는 것처럼 느껴지더라고요. 리사가 초대하는 세상이 남들 눈엔 사소한 것일지라도 저한테는 더없이 소중해요. 기억하려 하지 않아도 기억에 남을 수밖에 없는 시간이죠.

'리사는 현명한 삶의 메이트가 될 것 같아.' 책을 덮으면서 그런 생각을 했어요. 끝으로, 승민 씨가 그리고 있는 미래에 관해 들어볼까요?
특별히 계획하고 있는 건 없지만 뭐든 할 수 있다는 가능성을 열어두려고 해요. 하고 싶은 일이 있다면 두려워하지 않고 이것저것 도전해 보려고 하죠. 이전에는 낯선 세계를 여행하는 게 특별한 일이고, 도전하는 거라고 생각했는데요. 지금은 영어 공부도 하나의 도전이라 여기면서 꾸준히 무언가를 해나가는 힘을 기르고 있어요. 계속해서 일상을 여행하며, 하루를 밀도 있게 채워 나가려고요.

구불구불 올라온 오르막길을 되돌아 내려가며 나는 내 시간을 어떻게 대하고 있는지 곰곰이 생각했다. 특별하고 반짝거리는 어떤 날만을 그리고 있는 건 아닌지, 그날을 위해 보통의 하루에 의미를 두지 않고 보내 버린 건 아닌지…. 문득 뒤안길로 흘려보낸, 선명하게 생각나지 않는 나의 날들을 불러오고 싶었다. 허투루 보내버린 하루를 다시 촘촘하게 살아내고 싶다는 생각이 들었다. 지금 내가 걷는 이 언덕길이 다시 오지 않을 시간의 한중간이라 여기니 걸음걸이가 하나도 신중해진다. 시야를 가득 채운 여름날의 길목을 마음에 아로새기며, 이 길이 여행길로 기억될 것임을 진하게 예감할 수 있었다.

She And What She Likes
닮고 싶은 그녀의 것

박초은—시엔느

에디터 **이명주**
포토그래퍼 **장수인**

색이 또렷한 사람을 보면 시선이 간다. 그들은 어떤 조각을 곁에 두어도 자신의
색으로 부드럽게 끌어안을 줄 아는 사람이다. 또 뾰족하게 날을 세워 주변의
영역을 침범하기 보다, 모서리를 둥글게 다듬은 채로 다른 누구보다 나에게
집중하는 사람이다. 여성 의류 브랜드 '시엔느Sienne'와 '앙뜨Antt'를 이끄는 디렉터
박초은 만났을 때도 같은 생각을 했다. 아름다움을 추구하는 그에게 머물던
시선은 쉽게 규정짓지 않는 취향으로, 작은 기쁨을 줍는 일상으로 나아간다.

옷을 입고 있는 사람의 표정과 말투,
전체적인 분위기가 하나로 모여
그 사람이 가진 고유의 향기, 그러니까 아름다움이 되니까요.

나를 닮은 페르소나

집에 초대해 주셔서 감사해요. 비가 와서 그런지 집 분위기가 차분해 보여요.
어서 오세요. 시엔느와 앙뜨의 대표 박초은입니다. 원래 오전에는 햇빛이 안으로 쏟아지는데 장마 때문에 좀 어둡네요. 언덕을 올라오시느라 고생 많으셨어요. 더우신 것 같아서 차가운 음료를 가져왔는데, 코스터를 깔아드릴게요.

(한 모금 마셔보며) 음, 깔끔하고 맛있어요.
레몬진저티인데 차갑게 마시니까 좋더라고요. 천천히 드세요. 이건 《AROUND》 지난 호죠? 집에 《AROUND》 매거진이 열 권 정도 있는데, 로고 중 'A'가 텐트 모양을 닮았을 때니까 꽤 이전에 발행된 책일 거예요. 바뀐 거랑 비교해 보니까 사진 컬러가 선명해졌고 종이 재질이나 표지 느낌도 다르네요. 색달라요.

매거진을 이렇게 꼼꼼히 살펴보는 분은 처음이에요(웃음). 그러고 보니 뒤에 고양이 친구가 앉아 있네요. 대신 소개를 해주셔야겠어요.
이름은 네로이고 나이는 열세 살이라 할아버지 고양이예요. 네로가 세 살 때 데려왔는데, 길거리에서 어떤 대학생을 막 따라다녔대요. 그분이 네이버 카페에 이 고양이를 입양할 사람이 있는지 글을 올렸고요. 제가 원래 결혼할 즈음, 유기묘 한 친구를 입양하고 싶은 바람이 있었어요. 그러다 우연히 카페에서 네로를 본 건데 털이 완전히 까만색이라 사진발도 잘 안 받는 모습이 정말 귀엽더라고요. 그 길로 십 년 넘게 함께 살고 있죠. 우리 근처에 있는 걸 보면 기분이 좋은가 봐요. 사람들이 모여서 떠들면 무슨 이야길 하나 궁금한지 가까이 오곤 해요.

이름이 네로인 이유는 아마도….
맞아요. 검은 고양이라서(웃음). 네로! 제가 불러도 잘

안 쳐다보네요. 고양이 귀에 근육이 서른두 개 있다는 거 아세요? 그 근육이 전부 사람 말 모른 척하기 위해서 쓰인대요.

얄궂고 사랑스러운 존재들이에요.
저는 집에서 혼자만의 공간이나 시간이 필요한 편인데 고양이가 비슷해요. 가끔씩 심심해하면 빗질도 해주고 놀아주는데, 다 되었다 싶음 쿨하게 떠나버려요. 자다가 갑자기 일어나서 밥 먹으러 가기도 하고 행동 방식을 예측할 수 없어요. 그런 부분이 저랑 잘 맞긴 해요. 무엇이든 예측 가능한 건 약간 지루하잖아요.

얼마 전에 여기로 이사 오셨다고 들었어요.
두 달 정도 됐어요. 이전에 살던 곳은 용산역 근처 아파트였는데 '용리단길'이라고 부르는 동네가 저랑 잘 안 맞아서 집에만 머무는 시간이 길어지더라고요. 7개월 정도 살다가 새로운 집을 찾아 녹사평역과 이태원역 사이로 오게 됐어요. 여기가 지은 지 20년이 넘은 빌라예요. 그래서 인터폰도 옛날 그대로고 창이나 방 문고리도 앤틱 가구처럼 독특하죠. 주상 복합이나 브랜드 아파트보다 수도 시설 같은 건 약하지만, 저는 이런 곳에서 편안함을 느껴요.

나와 잘 맞는 집과 동네를 찾으셨네요. 요즘은 어떤 하루를 보내고 있어요?
시엔느의 다음 시즌을 열심히 준비하고 있는데요. 일과 여가를 크게 구분하지 않는 편이라, 퇴근하고 집에 와서도 거실에 있는 큰 테이블에 앉아 이어서 일하곤 해요. 집이라는 공간의 문턱을 넘는다고 해서 일에 대한 집중이 한순간에 확 풀어지진 않거든요. 일상을 겸하며 작업하는 거죠. 예를 들어 반신욕을 하면서 브랜드 콘셉트를 생각해 보는 거예요.

일과 휴식의 구분이 명확하지 않은 하루가 피로하지 않나 봐요.

저에겐 집이 일과 일상을 겸하는 곳이다 보니까 오히려 편해요. 그리고 온전히 내 맘에 드는 공간이기 때문에 이곳에 머무는 것만으로도 힘을 얻고요. 만족감을 주는 공간이 있다는 게 삶에서 꽤 중요하다는 생각이 들어요. 지난 집을 떠난 이유를 하나 짚어보면 주변에 갈 만한 카페가 없었기 때문이거든요. 임경선 작가의 《다정한 구원》이라는 책에 이런 문장이 있더라고요. "다분히 사소해 보이는, 지극히 비실용적인 이유 하나가 때로는 그 외의 모든 중요하고 합리적인 이유들을 압도해버리고 만다. 그쯤되면 그것은 더 이상 사소한 이유가 아니라 적어도 나에게만큼은 절대적인 이유가 된다."

사는 사람의 취향이나 성향이 드러나는 게 집이잖아요. 거실에서 가장 먼저 보인 게 수북한 책이었어요. 책을 좋아하나 봐요.

그런데 궁금한 게, 이 정도가 많은 건가요?

그럼요. 큰 책장을 가득 채웠는걸요.

책을 좋아하긴 하지만 완독가는 아니에요. 이 중에서도 완독하는 책이 있다면 두 번 이상 읽을 정도로 좋아하는 거고, 대부분은 읽다가 중간에 멈추고 다른 책을 들춰보는 편이에요. 책을 사두고 한참 시간이 지나서야 보기도 하고요. 최근에 읽는 건 존 윌리엄스의 《스토너》라는 소설인데요. 이 책은 2017년에 사서 바로 읽을 때는 별 감흥이 없다가, 최근에 다시 펼쳐보니까 마음에 와닿는 느낌이 다르더라고요. 평소 에세이나 시를 즐겨 읽는데 간만에 소설에 푹 빠져서 읽고 있어요. 얼마 전에 읽은 프랑수아즈 사강의 《슬픔이여 안녕》도 비슷했어요. 7~8년 전에 읽었을 때에 비해 제 환경이나 상황이 많이 달라져서인지, 세밀한 심리 묘사에 완전히 몰입했죠.

집에 와서도 작업이 이어진다고 했는데 책은 주로 언제 읽으세요?

토요일 오전, 집 근처에 있는 좋아하는 카페에 가는 게 저만의 루틴이에요. 가게가 오픈하는 시간에 맞춰 가서 라떼를 마시면서 책장을 넘겨요. 그리고 잠들기 전에 침대 곁에 두고 더 읽고요. 책을 매일 몇 장씩 읽어야 한다는 규칙은 없어요. 원래 자기 전에 휴대폰으로 쇼츠나 릴스를 보곤 했는데, 무언가를 잔뜩 봤는데도 공허한 느낌이 들더라고요. 그래서 의식적으로 책을 펼치는 거예요. 두 장 정도 읽으면 잠도 잘 오고요(웃음).

무의미한 시간에서 벗어나는 좋은 습관 같아요. 그래서 저는 자기 전에 제일 행복해요. 침대에 앉아 있는 그 시간에 행복을 느끼거든요. 일상의 루틴은 성실한 행복을 주나 봐요.

브랜드에 대한 이야기를 나누고 싶어요. 시엔느가 자신이 좋아하는 것들로부터 시작되었다고요.

예전 이야기를 하는 게 새삼 쑥스러운데요. (잠시 생각한다.) 2016년에 데일리룩이나 제 취향을 담은 일상을 블로그에 공유했어요. 당시에 광고 기획 대행사를 다녔는데 매일 야근하면서 일했고, 일하는 법과 근성을 터득해 나가던 시절이었어요. 가벼운 마음으로 시작한 블로그를 사람들이 좋아해 주었고 소통도 하면서 블로그 마켓으로 연결되었어요.

그렇게 탄생한 시엔느를 통해 좋아하는 옷을 일로 삼게 된 거죠.

입는 목적으로서의 옷보다 스타일링처럼 큰 그림을 보는 일을 좋아해요. 어울리지 않아 보이는 것들을 하나로 묶어서 저만의 미학을 찾고 하죠. 브랜드 디렉터로서 하는 일도 마찬가지인데요. 디자인 방향성을 제시하거나 컨펌을 하는 건 물론이고, 어떤 상황에서 나아가기 위해 필요한 최고의 전략을 찾는 게 제 일이에요. 중간에 어딘가 꼬인 듯한 부분을 발견하고 풀어나가다 보면 살아 있는 기분을 느낄 정도로 재밌어요.

옷에서 어울리지 않는 것들이 모여 만드는 미학이란 무얼까요?

소재감이나 컬러가 완전히 다른 것들을 매치해서 한데 어우러지도록 만드는 거예요. 소녀 같은 옷에 트랙팬츠를 입어서 실루엣에 변화를 주는 방법도 있을 테고요. 시엔느의 제품을 예로 들면, '그랜파 스웨터'라고 실이 두툼하고 품이 좀 넉넉한 베이지색 겨울 니트가 있는데 거기다 초록 바지를 입는 거죠. 나아가서는 옷 자체보다 생활의 미학으로도 이어질 거예요. 옷을 입고 있는 사람의 표정과 말투, 전체적인 분위기가 하나로 모여 그 사람이 가진 고유의 향기, 그러니까 아름다움이 되니까요. 외적인 부분뿐 아니라 내적인 부분에서의 노력과 겸손, 경험과 배움, 자신을 성찰하는 노력과 타인에 대한 이해가 함께해야 진정한 미학이 완성된다고 생각해요.

시엔느만의 아름다움이네요. 옷을 다룬 시간을 햇수로 따지면 10년이 다 되어가요.

이 일을 얼마나 좋아하는지를 느꼈을 때가 바로 이런 순간이에요. 관심 분야가 굉장히 다양해서 이것저것

시도를 해보는데요. 한번은 노래를 잘 못하는 것 같아서
근처 고수들을 찾아주는 '숨고'라는 앱을 통해서 발성을
배워본 적이 있어요. 수영도 배워보고요. 문제는 지속력이
부족해요. 금세 흥미를 잃다 보니 내가 오래 한 게 뭔지
떠올려보면 없었거든요. 그런데 이 일은 10년 가까이
한 거니까 누가 봐도 좋아하기에 가능했던 게 아닐까요?
좋아하는 걸 입어봐야겠다는 마음으로 시작한 일이
지금까지 변하지 않았다는 게 신기해요. 지금도 옷장에
시엔느 옷이 가장 많아요.

**브랜드를 통해 자신과 같은 취향을 가진 사람들을
만나기도 했을 텐데, 어떤 마음이 들어요?**
처음으로 드는 건 당연히 감사함이죠. 헤어스타일이나
룩북의 코디를 그대로 하고 오시는 분들도 있어서 무척
반가워요. 다만 그 가운데에서도 중심을 잘 잡으려고
하는데요. 내 취향을 남들에게 인정받고 싶어서 시작한
게 아니기 때문에, 주변에서 전해주는 피드백을 마음에
담아두거나 무조건적인 수용은 하지 않으려고 해요.
그렇게 하지 못한다면 취향을 지키기 어렵겠다는 생각이
들거든요.

**흔들리지 않는 나만의 영역이 있어야겠어요. 여전히
블로그를 통해서 대표님의 일상과 브랜드 이야기를 나누고
있죠. 특별한 이유가 있는지 궁금해요.**
우선은 저를 위한 기록의 목적이 있고요. 거기다가
시엔느가 대화하는 브랜드라고 생각해서 자주는
아니더라도 꾸준히 글을 남겨요. 옷 하나를 만들더라도
제가 쉬 놓지 못하는 부분들이 있어요. 일종의
고집이랄까요. 그러다 보니 시간도 오래 걸리고, 과정에
담긴 히스토리와 결과에 도달하기까지의 생각이 중요한데
홈페이지에서 상품이 공개될 때는 단편적으로만
보이잖아요. 좀 더 자유롭고 편안한 느낌으로, 우리의
백스테이지를 보여주고 싶었어요.

유튜브 채널도 운영하셨잖아요.
지금은 자고 있어요(웃음). 생각보다 제가 재미없는
사람이라서 잘 안 하게 되더라고요. 말하는 것보다
글 쓰는 게 더 편하기도 하고요.

말과 글의 차이는 무얼까요?
글은 생각할 시간이 충분히 주어지고 수정하면서
내가 원하는 바를 신중히 적어갈 수 있는데, 말은 주워
담을 수가 없어요. 내뱉는 순간 끝나버리는 거니까
어렵더라고요. 저한테는 더 많은 훈련이 필요한
영역이에요.

**시엔느라는 이름은 불어로 '그녀의 것'이라는
뜻이라고요. 대표님이 직접 지은 건가요?**
이름은 동생이 지어줬어요. 브랜드를 통해 내 취향에서
비롯된 것들을 자유롭게 보여주고 싶다는 이야기를
나눴는데, 그걸 듣던 동생이 번뜩 떠올려줬죠. 듣자마자
이거다 싶었어요.

**옷을 다루는 브랜드마다 지향하는 스타일이 있잖아요.
이런저런 표현보다 한 사람, 페르소나로 상상해 보고
싶어요. 시엔느를 입는 사람은 어떤 모습일까요?**
음…. 저와 닮은 사람?

대표님은 어떤 사람이에요?
아까 제가 《스토너》를 읽고 있다고 했잖아요. 그 주인공과
비슷한 것 같아요. 책에 있는 설명을 읽어볼게요. "슬픔과
고독을 견디며 오늘도 자신만의 길을 걷는 당신을 위한
이야기." 그러니까 주변 상황에 쉬이 휩쓸리지 않는
자기만의 철학이 있는 사람. 자연스러움을 추구하고,
아름다움을 향해 나아가는 사람. 그 아름다움이 외적인
이미지만을 말하는 게 아니라 미학에 대한 동경이 있는
사람이라고 생각해요. 거기다가 자기 자신을 잘 아는
사람일 거예요. 그래야 내가 어떤 옷을 입고 어떤 느낌으로
표현될지를 의도할 수 있으니까요. 혹시 너무 진지한가요?

**앞선 답변이 진지했다면 이번에는 가볍게, 그 사람은
이 계절에 어떤 옷을 고를까요?**
오늘처럼 비가 쏟아지는 날이면 조금 곤란하겠죠(웃음).
해가 쨍한 여름을 떠올려볼게요. 상의는 슬리브리스를,
하의는 데님 쇼츠를 입을 거예요. 선글라스 하나 챙기고
아침에는 머리를 덜 말리고 나가는 거죠. 화장은 옅지만
립스틱은 바르고 좋아하는 향수를 뿌릴 것 같아요.

**기분 좋은 상상을 했네요. 오늘 대표님이 입은 옷을
소개해 주세요.**
손목에 시엔느 로고가 새겨진 연한 하늘색 셔츠예요.
가을에 준비 중인 콘셉트와 연결돼서 요새 무척 좋아하고
관심이 가는 색이죠. 제가 옷을 고를 때, 어떤 옷을
좋아한다고 분명히 말하기는 어려워요. 지금의 기분이나
상황, 계절에 따라서 다르게 입는 걸 좋아하거든요. 날마다
나에게 맞춰 변주를 하는 거죠.

장면으로 쌓이는 취향

시엔느의 여름을 나눠보고 싶어요. "모든 삶은 정원에서 펼쳐진다."는 문장에서 시작된 컬렉션을 공개했죠. 그린과 퍼플처럼 선명한 컬러와 더불어 플로럴 계열의 패턴도 돋보였어요.

계절에 맞춰 컬렉션을 공개하는데, 컬렉션들을 하나로 아우르는 한 해의 테마가 있어. 작년에는 '사랑'이었다면 올해는 '사람'이 중심이 되었죠. 지난해에 계속 곱씹어본 사랑을 누가 만드는지 떠올려보니까 다름 아닌 사람이었어요. 식물이 만발하는 여름의 계절을 준비하다 보니 저에게 모든 사람의 삶은 정원과 같은 의미로 느껴지더라고요. 정원 안에 핀 꽃들이 향기를 내듯, 사람도 좋은 향기를 내야 한다는 게 생각의 종착점이었어요. 인간관계나 선한 영향력, 나만의 취향 같은 게 전부 향기일 테고요.

한 해를 이끌어갈 중심 메시지가 대표님의 시선 속에서 탄생하네요.

맞아요. 그 메시지가 한 시즌을 구성하는 소재로만 소비되는 게 아니라 브랜드의 가치관으로 작용한다고 생각해요. 작년에는 그때 제가 하던 생각들, 올해에는 현재 맞닿은 고민들이 투영됐고, 아마 내년에는 미래의 제 마음에서 시즌이 시작되겠죠. 패션이라는 장르가 어찌 보면 제한적으로 보이겠지만, 가치관과 철학을 비주얼로 어떻게 풀어내거나 결합할지 고민하는 것에서 자유로운 재미를 느끼고 있어요. 팀원들과 이런 이야기를 나누다 보면 저도 모르게 흥분해서 아이디어가 쏟아져 나오는데요. 주변 사람들과 나누는 일상적인 대화 속에서 영감이나 힌트를 얻기도 해요.

지속 가능성에 대한 고민을 한다고도 들었어요.

늘 고민하던 부분인데 최근에는 우리가 할 수 있는 방법이 무엇인지에 대해 더 생각해 보고 있어요. 시엔느의 이름을 지어준 동생과 자주 대화를 나눠요. 동생이 유럽연합의 규제와 관련되어 세계 상황과 흐름을 살펴보는 일을 하다 보니, 각 문화나 장르에 어떤 이슈들이 있는지 좀더 민감하게 알고 있죠. 패션에 대해서는 우리가 이미 아는 것들, 의류 폐기물이나 의류를 태웠을 때 나오는 화학 성분 이외에도 지속 가능성이 큰 화두더라고요. 작은 기업이 이 문제를 어떤 방식으로 대처해야 하는지에 대해 꾸준히 고민을 나누고 있어요. 결국은 크고 놀라운 일이 아닌, 지금 당장 할 수 있는 작은 일에 초점을 맞추는 것이 최선이더라고요.

일상에서 흔히 보이는 것 이면의 세계를 외면하지 않는 태도네요. 시엔느가 할 수 있는 일은 무엇이었어요?

우리의 슬로건이 "시간의 흐름에 매료되다Charmed By Time"예요. 한마디로 옷장 속에 오래 남아 있는 옷이라는 뜻이죠. 저부터도 시엔느의 지난 시즌 옷들을 여전히 입고 있고, 구매하는 분들도 오래 입을 수 있도록 튼튼하면서 유행을 크게 타지 않는 우리다운 제품을 만들어요. 비닐 테이프를 쓰지 않는 것부터 시작해서 지금은 아예 테이프가 필요하지 않은 박스를 사용하고요. 사실 인간이 살아갈 때 옷뿐만 아니라 편리를 누리는 모든 것에는 전부 뒷면이 있을 거예요. 저는 패션계에 있으니까 이 분야가 더 잘 보이는 거고, 각자의 세계에 따라 시야에 들어오는 게 다르겠죠. 내가 속한 자리에서 어떻게 책임을 질 수 있을까, 한 번에 무리해서 점프하려고 하기보다 천천히 그리고 꾸준히 할 수 있는 것들을 찾아가 볼 거예요.

그 걸음에 응원을 보낼게요. 옷을 만드는 사람들은 한 계절을 앞서 나간다고 하잖아요. 지금은 무더운 여름이지만 시엔느의 추운 계절은 어떤 모습일지 살짝 들려주실래요?

우리의 낭만에 대해서 말할 거예요. 영화 〈죽은 시인의 사회〉(1989)를 굉장히 좋아하는데 거기서 그들만의 동굴에서 시를 낭독하는 장면이 인상 깊었어요. 때때로 인생은 보이지 않는 철학 전쟁이라고 생각해요. 자신의 신념을 지키기 위한 외부와의 투쟁 같은 거죠. 동굴 안에서 시를 읽는 주인공들을 보면서 '이 시대의 낭만주의자들은 무얼 하는가.'에 대해 생각해보고 있어요.

이번 《AROUND》에서는 옷을 고르고 입는 것에 대한 이야기를 모으고 있어요. 그 행위에서 내 취향과 성향이 드러나잖아요. 외출을 앞둔 대표님을 상상해 본다면 그날 입을 옷을 어떻게 고르세요?

깊게 생각하지 않아요. 미리 골라놓은 건 말도 안 되고 집히는 걸로 입어요(웃음). 회사로 출근할 때는 화장도 잘 안 하고 편하게 가요. 다만 날씨나 장소에 따라 맞는 옷을 고르고 상하의를 따로 생각하기보다 전체적인 모양새를 가늠해 봐요. 날마다 내가 어떻게 보이고 싶은지가 다르니까요. 운동을 가더라도 좀더 내추럴하게 보이고 싶은 날이 있잖아요.

그럼 외출을 마치고 돌아와서는 어떤가요?

벗자마자 정리할 때도 있긴 한데, 대부분은 옷방에 있는

긴 의자에 올려둬요(웃음). 나중에 한꺼번에 치우는 편이거든요. 저는 집중할 수 있는 에너지가 한정되어 있나 봐요. 안팎으로 관심 분야나 일에 온 집중을 했다면 나머지는 손을 놓아버려요. 좀 '귀차니즘'이에요.

블로그에서 이런 기록을 본 적 있어요. "과해 보이나 과하지 않은 나만의 밸런스 기준을 찾았을 때" 자신의 취향이 변하지 않았다는 걸 깨달았다고요. 어떤 의미인가요?
오랫동안 나만의 분위기를 만드는 걸 좋아했어요. 정석이 존재하는 게 아니라서 어떤 방법인지 묻는다면 매번 다를 거예요. 예를 들어 옷을 격식 있게 갖춰 입었다면 머리 손질은 덜하거나, 편안한 옷을 입었다면 머리는 오 대 오 가르마에 젤을 발라서 꾸밈에 균형을 맞추는 거죠. 또는

시간의 흐름에 따라 상황이 달라질 텐데 대표님 취향은 변함없이 그대로인가요?
이전과 크게 달라지지 않은 것 같긴 해요. 다만 경험의 영역이 쌓이다 보니까 '이게 취향이 변하는 건가?' 싶을 때가 있죠. 예전엔 무언가를 보면 온갖 감탄과 경이를 느끼면서 아름다움을 만끽했는데 다시 보면 그만큼의 감동이 와닿지 않을 때가 있거든요. 너무 많은 것을 보면서 살아왔기 때문인지, 도파민 지수가 높아져서 아름다움에 대한 역치가 높아진 건지 모르겠지만요. 어쩌면 둘 다 이유일 수도 있겠죠. 하지만 자연스러우면서 자신만의 이야기를 갖고 있는 걸 보면 변함없이 좋아하는 마음이 생겨요.

옷을 만들고 입는 일상에 대해 한바탕 이야기를 나눴데요. 문득 옷 이외에 대표님이 좋아하는 것은

컬러가 강하거나 힘을 잔뜩 준 옷을 입었다면 가방은 에코백을 들어서 긴장감을 덜어내요.

집히는 걸 입는다고 했지만… 균형을 맞추는 적절한 센스도 필요해 보여요(웃음).
물론 스스로를 잘 아는 기질을 타고난다면 좋겠지만, 사람은 살면서 맞이하는 경험에 따라서 많이 달라지는 것 같아요. 내가 세운 기준이 깨지고 다듬어지면서 좋아하는 것과 좋아하지 않는 것도 알게 되고요. 경험이 모여서 내가 어떤 사람인지를 이룰 거예요. 그리고 옷을 잘 입는다는 말은 무척 주관적인 표현이잖아요. 저한테 그 말은 두 가지 유형의 사람을 뜻하는데, 첫째는 나를 잘 아는 사람이고, 둘째는 트렌드를 찾아서 나한테 적용하는 데 열정적인 사람이에요. 자신은 어떤 쪽이 편한지 가늠해볼 수 있지 않을까요?

무얼까 궁금해져요.
책을 읽거나 옛날 영화 보는 걸 즐기고 그림도 좋아해요. 그런데 제가 추상적인 사람이라 그런지 특정한 무언가를 콕 집어내기보다 어떤 상황을 좋아한다고 말하고 싶어요. 어젯밤을 떠올려 예를 들자면, 온전한 나만의 공간에서 반신욕을 하면서 책을 읽는 시간이 굉장히 만족스러웠어요. 테이블에 놓인 꽃 자체보다는 이 자리에 앉아서 빗소리를 들으며 꽃을 바라보는 순간을 좋아해요. 단순히 영화를 좋아한다, 책을 좋아한다는 말은 저에게 일차원적으로 느껴져요.

취향을 장면으로 쌓고 있다는 생각이 들어요. 그러고 보니, 블로그에서 일상의 '작은 기쁨'을 준비하고 만끽하는 데 심취해 있던 글이 떠올라요. 여전히 그런가요?

맞아요. 나를 기분 좋게 만드는 것은 무얼까 생각하다가 떠오른 것들이에요. 토요일 오전에 단골 카페에 가는 것도, 여행 갈 때마다 즐겨 찾는 숙소나 음식점이 있다는 것도, 날마다 좋아하는 향수를 골라서 뿌리는 것도 전부 작은 기쁨이에요. 지금 마시는 아이스티가 나뿐만 아니라 에디터님도 맛있다고 하는 게 즐겁고, 아침에 마신 커피 한 잔이 정말 맛있어서 카페 직원에게 잘 먹었다는 인사를 건네는 것도 마찬가지죠. 말하면서도 정말 사소한 순간이라 일일이 열거하기 어려울 정도예요(웃음).

그걸 작은 기쁨이라고 표현하는 이유가 궁금해요. 큰 기쁨은 물질적인 무언가를 말하는 걸까요?
그러게요. 크고 작음의 기준은 아마 모두가 다를 텐데요. 만약 내가 원하는 선물을 받았을 땐 큰 기쁨을 느낀다고 말해야 하나 고민한 적이 있어요. 그런데 그걸 받았을 때 기쁜 이유는 무얼 좋아할지 고민했을 상대방의 모습과 마침 그 선택이 내 취향과 딱 맞아떨어졌기 때문이거든요. 그래서 크고 작음의 기준이 물질적인 거라고 생각하진 않아요. 어디 멀리 가지 않고 내가 앉은 자리에서 쉽게 발견하는 기쁨이라 작다고 말하게 되나 봐요.

사소해 보여도 일상에서 끊임없이 기쁨을 건져 올리는 모습이 닮고 싶어져요.
요즘에는 이런 행위가 건강하고도 연결되는 것 같아요. 얼마 전에 아침에 러닝을 했는데, 저 되게 못하거든요. 그냥 광화문 근처를 가볍게 도는 건데 그때 풍경이 너무 아름다운 거예요. 그 말을 꺼냈더니 친구가 자신이 느끼는 아름다움을 표현하는 것 자체가 건강하다는 뜻이라고 하더라고요. 몸과 마음이 건강하다면 아름다운 걸 보면서 감화될 수 있는 틈이 생겨요.

이야기를 나눌수록 자신을 잘 아는 사람이라는 생각이 드네요.
저만 알아서 문제예요(웃음).

나 한 명도 제대로 알기 어려운걸요(웃음). 문득 이런 궁금증이 생겨요. 옛날의 초은은 지금의 초은을 상상했을까요?
저는 이런 모습을 상상한 적이 전혀 없는 줄 알았어요. 그런데 신기한 게 이십 대 초반에 워킹 홀리데이를 가서 친구에게 보낸 편지를 보니까 나중에 옷 가게 사장님이 될 거라고 적어둔 거예요. 그런 말을 쓴 것도 기억하지 못했는데 저도 모르는 사이에 이루어졌어요.

무엇을 좋아하는지 잘 아는 점이 나를 여기까지 이끌었나 봐요. 이후에는 대표님을 또 어디로 데리고 갈까요?
사업상으로는 목표를 세워도 제 인생의 목표는 세워본 적이 별로 없어요. 나라는 사람은 언제든 변할 수 있다고 생각해서요. 이제 곧 마흔인데 사십 대는 지금과 또 어떻게 달라질지 기대돼요. 한 가지 꼭 지키고 싶은 건 제가 머무는 자리에서 좋은 영향력을 주고 싶다는 거예요. 나에 대해서는 충분히 알았으니 내 주위의 사람들을 바라보면서 사랑을 말하고 싶어요.

한바탕 쏟아지는 비로 밤중처럼 까맣던 하늘이 긴 대화를 마칠 즈음에는 환하게 갰다. 이야기 내내 주변을 머물던 네로는 꾸벅꾸벅 졸기 시작했다. 둥근 잔 가득 채워진 차 한 잔을 맛있게 비웠고, 마음을 들여다보는 대화를 통해 우리 사이에 놓여 있던 낯선 기운은 옅어졌다. 문득, 기분이 좋다는 생각이 들었다. 박초은 대표가 말하는 작은 기쁨이란 이런 걸까. 좋아하는 걸 장면으로 기억하고 풀어내던 그처럼 나의 기쁜 순간을 하나하나 소리 내어 긴 문장으로 풀어둔다.

매일 똑같은 남자

민수기—므스크샵

에디터 이명주

포토그래퍼 강현욱

일주일 중 단 하루를 제외하고 16년 동안 매일같이 문을 연 옷가게가 있다. 남성복
편집숍 브랜드 '므스크샵MSK Shop'이 그 주인공. 신사동을 거쳐 서촌에 닿은
지금까지, 대표 민수기는 동네마다 너누룩하게 뿌리내리며 취향의 공통분모를 가진
손님들과 마주한다. 긴 시간이 흘러도 변하지 않은 건 공간의 존재만이 아니다. 10대
시절에 쌓아 올린 한 사람의 취향은 남편과 아빠가 되어서도 여전한 모양새로 일상에
자리한다. 매일 똑같은 남자이기에, 사람들은 언제나 안심하며 므스크샵의 문을 연다.

반가워요. 서촌은 언제 와도 기분이 좋네요. 이곳으로 온 지 8년이나 되었으니, 동네 터줏대감 같겠어요.

반갑습니다, 민수기입니다. 터줏대감인지는 잘 모르겠지만(웃음), 주변에 친한 숍은 많아요. 사장님들과 오며 가며 마주치면서 안부 나누죠. 원래부터 친하던 삭스타즈도 서촌에 매장을 내서 성태민 대표와 곧잘 저녁도 먹고요.

므스크샵은 이 여름을 어떻게 보내고 있는지 궁금해요.

자체 브랜드인 '비트앤사일런스BEAT&SLNC'의 다음 계절을 준비하고 있어요. 날이 덥지만 니트 샘플을 잔뜩 받아둔 상태죠. 그보다 더 분주한 건 여성 셀렉숍 오픈 준비였는데요. 므스크샵에서 걸어서 일 분 거리에 삭스타즈에서 운영하는 '5py'라는 공간이 있어요. 거기에 작지만 알차게 '므스크 안테나 숍'이라는 이름으로 여성 의류와 액세서리, '엔티엘 갤러리NTL Gallery'에서 큐레이션한 작가의 작품까지 만나볼 수 있도록 채웠죠. 2주 정도 시험 삼아 운영해 봤는데 많이들 찾아주시더라고요. 근처에 있는 오에프알이나 이예하, LFM 같은 매력적인 숍과 함께 들러주시는 것 같아요. 이제는 오픈만 남겨둔 상태네요. 서촌에 들르면 놀러 오세요.

꼭 가볼게요. 새로운 공간의 타깃이 여성인 이유가 궁금해요. 므스크샵은 남성복 위주의 편집숍이잖아요.

여성과 남성은 물건을 구매하는 프로세스가 다른 것 같아요. 예를 들어 여성은 숍에 들어와서 가방을 직접 보고 마음에 들면 자신의 예산을 가늠해 보고 구매하세요. 반면에 남성은 가방을 이리저리 보면서 생각에 빠지죠. '이게 나한테 쓸모가 있나? 이 가격대에 이 제품을 사는 게 합리적인가? 잠시만, 그런데 이 브랜드는 어떤 브랜드지?' 거기다가 '패션 고관여자'라는 특징이 더해진 남성이라면 더 많은 허들이 생기는 거예요. 직관적으로 빠른 결정을 내리는 여성과 차이가 있는 거죠. 이런 점은 므스크 안테나 숍을 운영하면서 피부에 더욱 와닿았어요. 안테나 숍에 오셔서 구매한 한 여성 고객이 한 달 사이에 므스크샵에 세 번이나 들르신 거예요. 재방문율도 높은 편이라는 뜻이죠.

깊게 생각해 본 적 없는데 그런 차이가 있네요.

앞서 말한 게 첫째 이유라면 둘째 이유도 있어요. 국내에 여성복 편집 매장이 거의 없다는 점이에요. 대부분 쇼룸이나 브랜드 팝업이라 한자리에서 두루두루 구경할 만한 곳이 부족하죠. 누군가 하지 않은 이유가 잘 안되기 때문일 수도 있지만, 오히려 그런 곳이 없으니까 내가 잘할 수 있겠다는 생각이 들었어요. 다섯 평짜리 가게에

수많은 손님이 오가고 그림이 팔리는 모습을 보면서 확신도 했고요.

므스크샵의 새로운 걸음이라 그런지 말씀하시는 내내 눈빛이 반짝이네요(웃음).

너무 신기해요. 남성 전문 편집숍을 꽤 오래 했는데 이쪽은 전혀 다른 시장이라는 걸 처음 알았거든요. 저에겐 새로운 도전이자 기회이고, 짧은 기간이지만 하루하루가 즐거워요.

므스크샵은 2008년 12월에 처음 문을 열었죠. 인스타그램도 없던 시절이잖아요.

맞아요. 다들 체감을 못 하다가, 16년 전에 무얼 하고 있었는지 물어보면 그제야 놀라시더라고요. 그만큼 오래 됐느냐면서요.

그러니까요. 처음에는 강남에 있었죠?

당시만 해도 편집숍, 패션 관련 브랜드는 무조건 강남에 자리를 잡았어요. 신사동, 압구정 같은 곳이요. 국내외 브랜드 소식이 빠르게 퍼지고 옷과 잡화에 기꺼이 투자를 하는 분들이 많은 동네잖아요. 그래서 한창 인기가 많던 가로수길 가까이에 공간을 잡았는데 무려 6층이었어요. 옷가게가 지하에 있는 경우는 곧잘 있어도 2층 위로 올라가는 건 상상도 안 되던 시절이었거든요. 스마트폰도 없었기 때문에 매장 위치도 블로그에 직접 설명을 써두곤 했죠.

이후에 어떤 계기로 서촌으로 오게 된 건가요?

그 자리에서 8년 정도 운영하니까 자리를 비워줘야 할 때가 왔죠. 그때쯤 저는 강남을 벗어나고 싶어 했어요. 너무나도 복잡한 도시라 주말마다 강 건너 서촌이나 연희동, 연남동으로 놀러 가곤 했거든요. 그 시절에는 서촌이 지금처럼 붐비거나 가게가 많지 않아서 갈 때마다 조용히 힐링할 수 있었어요. 마침 결혼도 해야 하는 상황이라 집 겸 매장을 찾다가 여기에 당도하게 됐죠. 1층과 지하에는 므스크샵이 있고, 2층은 저희 부부와 딸이 함께 사는 집이에요.

동네에 따라 손님들의 성향도 다르게 느껴지나요?

그럼요. 신사동 손님들은 편집숍에 입점되어 있는 해외 브랜드에 대한 문턱이 높았어요. 백화점에서 못 보던 건데 가격이 비싸다고 생각하시거든요. 서촌 손님들은 낯선 브랜드에도 마음이 열려 있어요. 새로운 브랜드 쇼핑도 시도해 보고요. 누가 더 좋고 나쁘다의 이야기가 아니라, 자신이 사는 생활 환경에 따라 취향과 소비에 대한 성향이 다르게 나타나는 것 같아요.

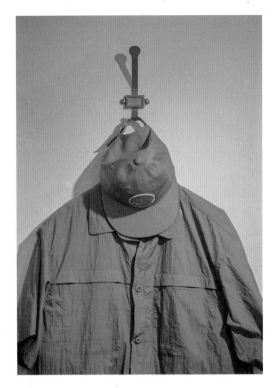

이번에는 므스크샵의 안쪽 면 이야기를 듣고 싶어요. 자신만의 브랜드 운영을 꿈꾸게 된 시기부터요.
경영학을 전공하다가 잠깐 휴학하고 '핏보우Fitbow'라는 남성복 디자이너 브랜드에 들어가서 3년을 일했어요. 디자인이나 마케팅도 담당하고 배송도 하고, 매장 매니저도 하면서 모든 걸 경험하고 나니까 독립을 결심하게 되더라고요. 당시에는 우리가 좋아하는 영역을 다루는 편집숍이나 한국 디자이너 위주로 구성된 편집숍을 찾아보기 힘들었어요. 에이랜드 같은 대형 소속이 전부였죠. 그 틈을 파고들어보자는 생각으로 브랜드를 구상했어요. 일단 나만의 것을 만든다는 건 그만큼의 책임감을 갖고 임해야 하는 일일 테니, 이름을 걸고 숍을 열고 싶었어요. 그때는 또 자기 이름을 건 패션 브랜드가 많았거든요. 이름 스펠링을 따고 쉬운 발음으로 부르고 싶어서 '므스크'라고 정한 거예요. 무척 신선한 이름이었어요. 물론 16년 전에요(웃음).

지금도 쉽게 불리는 이름이라 좋은걸요. 처음으로 해외 바잉을 진행한 브랜드는 어디인가요?
스웨덴 브랜드 '아워 레가시Our Legacy'인데요. 먼저 한 가지 짚고 싶은 건, 지금의 아워 레가시와는 완전히 다르다는 거예요. 현재는 좀더 난해한 하이패션 장르로 넘어가 버려서 더 이상 제 취향이 아니에요. 그런데 그때는 해외 패션 사이트 '하입비스트Hypebeast'에 올라온 룩북을

보자마자 무척 마음에 들었어요. 사실 룩북이라고 해도 브랜드 대표 중 한 명이 직접 모델로 나서서 치노 팬츠에 체크 셔츠 입은 사진들을 올린 게 전부였지만요. 볼수록 클래식하면서도 베이직한 디자인에 튼튼한 짜임새가 좋더라고요. 아빠가 입을 법한 옷을 현대적인 핏으로 만든 느낌이었어요.

그럼 브랜드로 바로 연락해서 거래가 성사된 건가요?
아니에요. 컨택하고 싶어서 홈페이지에 들어갔는데 음악만 나오고 메일 주소도 없더라고요. 구글링을 했더니 일본 빔즈에 입점되어 있다고 해서 그쪽으로 전화도 걸어 봤는데 연락처를 얻을 수가 없었어요. 또다시 엄청나게 디깅을 하다 보니, 스웨덴 '말뫼Malmö'에 있는 트레비안이라는 숍이 뜨더라고요. 메일을 보냈는데 무척 친절한 말투로 아워 레가시를 운영하는 사람이 자기 친구라는 답장이 왔어요. 연락이 닿아서 기쁜 마음으로 제가 거기까지 가겠다고 했죠.

스웨덴이⋯ 가깝지 않잖아요(웃음). 단숨에 가겠다고 말한 걸 보니 실행력이 뛰어난 분 같아요.
(웃음) 어리고 잘 몰라서 그랬던 것 같아요. 브랜드를 시작했을 때, 한국에서 아무도 모르는 걸 가져왔다는 것만으로도 임팩트를 주기에 좋겠다는 생각만 했거든요. 어쨌든 저들도 한국이라는 나라와 제가 낯설 테니 이것저것 선물을 챙겼어요. 인사동에서 하회탈 하나 사고, 친구이자 포토그래퍼 최다함의 사진과 좋아하는 동네 형이자 일러스트레이터 윤협의 프린팅 티셔츠를 한지로 포장했죠. 5일 동안 함께 밥도 먹고 그들의 옷이 진열된 미용실도 둘러보러 다녔어요. 말미에는 유통할 수 있는 권한을 저에게 주었고요. 사실 아워 레가시를 들여온 직후에는 폭발적인 반응은 없었어요. 얼마 지나지 않아 인스타그램이 생기고 패션 매거진을 통해 브랜드를 홍보하면서 조금씩 수요가 생겼고, 아크네 같은 북유럽 패션과 가구 브랜드가 뜨면서 덩달아 관심이 높아졌죠. 지금 생각해도 재밌는 경험이에요.

거침없이 문을 두드린 덕에 멋진 에피소드가 남았네요. 편집숍이라면 고르는 이가 세운 기준이 있을 텐데요.
간단하게 제가 잘 입을 수 있느냐예요. 좀더 나아가서는 나를 좋아하는 손님들에게 이 옷을 소개했을 때 어느 정도의 반응이 있을까 정도고요. 깊게 생각하기보단 옷이 어떤지가 제일 중요해요.

잘 입는다는 건 자주 입는다는 건가요?
맞아요. 손이 잘 가는 옷이어야 해요.

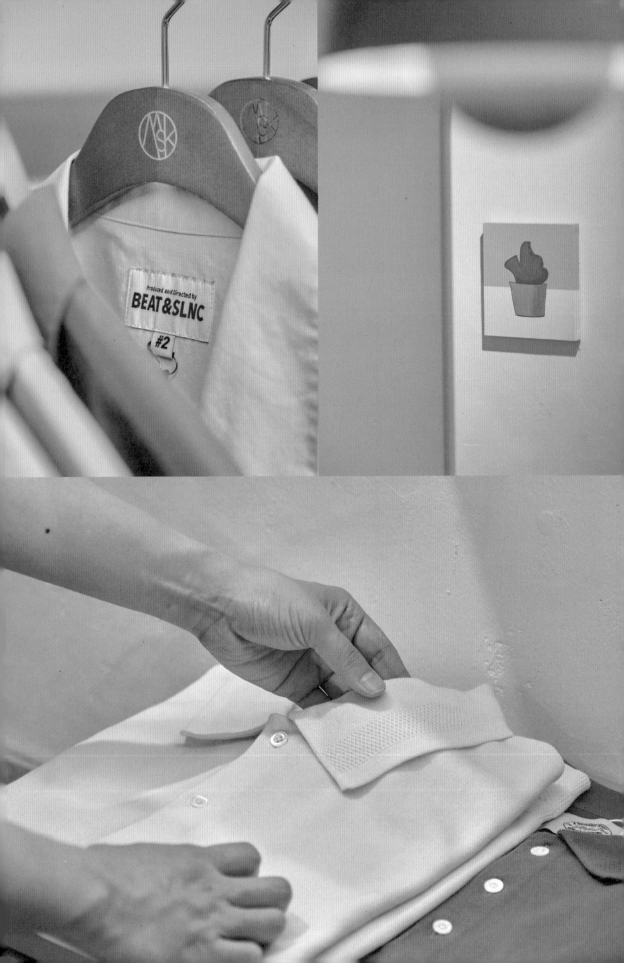

대표님이 옷을 고르고 입는 취향도 궁금해지네요. 브랜드를 시작한 이후로 시간이 많이 흘렀는데요.

달라진 건 딱 하나예요. 사이즈.

어머나!

사이즈만 커졌어요. 원래는 스탠다드 슬림핏이었다면 지금은 루즈핏으로. 제 나이쯤 되고 결혼을 하면 다들 몸이 불어나거든요(웃음). 그런데 취향만 본다면 어릴 때나 지금이나 변한 건 없어요. 10대 시절에 주변에 음악 하던 형들, 그림 그리던 형들, 사진 찍던 형들이 있었어요. 저는 그 형들이 멋있으니까 되게 존경하고 따라다녔거든요. 전시를 연다고 하면 가서 보고, 좋다고 들려주는 노래들 들어보고요. 그 시절에 취향이 생기고 확고해진 것 같아요.

어린 시절 좋아하던 것들의 존재를 의미 있게 생각하나 봐요.

저한테 취향은 일부러 의도해서 만들어지는 게 아니에요. 제가 경험한 적이 없어서 모르는 걸 수도 있지만, 사람의 성향이나 선호는 뒤늦게 바뀌기 쉽지 않다고 생각해요. 어릴 때부터 좋아하고 따르던 것에 대한 선호는 본성적으로 내재되어 있는 것 아닐까요? 가수 나얼 님이 10대 때 듣던 음악 취향이 바뀌지 않는다고 한 걸 어디선가 본 적이 있어요. 저도 같이 놀던 형들과 듣던 힙합이나 펑크, 알앤비 같은 노래를 아직도 듣거든요. 어떤 환경에서 주변에 누가 있는지에 따라 어린 시절의 취향과 선호가 쌓여가고, 딱 그만큼의 추억을 안고 계속 살아간다고 생각해요.

다른 인터뷰에서 "유행은 취향을 이길 수가 없다."라는 말을 하셨더라고요.

만약에 유행으로 스키니가 다시 등장하잖아요. 그래도 저는 못 입고, 안 입을 거예요. 내 취향은 이게 아니고, 취향이 아닌 건 언제 다시 돌아온다 하더라도 이해하거나 받아들이기 어려워해요. 누군가는 비지니스를 위해서라도 시도하라고 하지만, 할 수 없어요.

취향에 대해 변함없이 단호한 점이 므스크샵을 꾸준히 찾게 만드는 이유일 수도 있겠어요. 언제든 같은 모습으로 있으니까요.

오랜 단골들의 얼굴이 떠오르는데요. 사실 많진 않아요. 우리나라에서 옷가게 하나를 10년이 넘는 동안 찾아온다는 게 쉽지 않잖아요. 쇼핑보다는 제 안부 물으러 들르시는 분들도 있고요(웃음). 취향이 바뀌었다가 결국엔 여기서 산 걸 가장 오래 입는다며 돌아오기도 하세요. 살면서 나와 취향이 맞는 사람들을 만날 기회가 있다는 걸 특별하게

생각하지 않았는데요. 시간이 갈수록 감사하는 마음이 커져요. 온라인이나 오프라인 대형 플랫폼도 많은데 굳이 이곳에 와서 저와 이야기를 나누고 옷을 입어보고, 이 브랜드나 이 숍을 서포트한다는 마음으로 지지해 주시는 분들이에요.

취향을 내보이는 일을 하면서 나에 대해 새롭게 알게 된 점이 있는지 궁금해요.

지금 16년째 같은 일을 하고 있잖아요. 제가 언제 즐거운지 생각해 보면 옷을 팔 때가 가장 좋아요. 16년 전에 건물 6층에다가 조그마한 숍 오픈했을 때랑, 무엇 하나 팔았을 때 행복한 기분은 똑같아요. 파는 일이 천성에 타고난 거 같기도 하고요. 오랫동안 잘 팔아먹고 싶어요(웃음). 그래서 매일 무엇을 입을지 고르는 것도 저한테는 잘 팔 수 있느냐에 달린 문제예요. 오늘 입은 상의는 앞서 살짝 말했던 비트앤사일런스 제품인데, 같은 라인 중 이 색깔 재고가 많아서 직접 입고 나왔어요.

조금 늦었지만 오늘 입은 옷에 대한 소개를 들려주세요.

우리 브랜드의 특징 중 하나는 상의의 스페이드 자수가 포켓과 몸통 면에 걸쳐져 수놓아져 있다는 점이에요. 제가 배우 호아킨 피닉스를 좋아해서 그가 입은 룩을 자주 찾아보는데요. 어느 날 화이트 티셔츠를 입은 사진을 봤는데 포켓과 몸통 면에 무언가가 있는 거예요. 뭐가 묻은 건지 로고인지는 잘 보이지 않았지만, 재미있는 옷이라고 생각해서 비트앤사일런스에 아이디어로 적용해 봤죠.

귀여운 포인트라고 생각했어요. 옷을 고르고 입을 때 나만의 '킥'이 있다면요?

가을과 겨울에는 타이를 꼭 하고, 날씨가 더울 때는 오늘처럼 양말에 포인트를 주는 편이에요. 헤아려 보진 않았지만 집에 타이와 양말이 무척 많답니다. 아, 그리고 양말은 꼭 삭스타즈를 신어요. 가격도 합리적이면서 품질이 뛰어나거든요.

비트앤사일런스는 므스크샵이 지속 가능한 브랜드로 바로 서기 위해 만든 건가요?

맞아요. 해를 거듭하면서 나아가는 것 중 하나는 자생할 수 있는 방안을 찾는 거였어요. 해외 브랜드를 사입해서 판매하는 걸로는 이익을 남기기가 쉽지 않거든요. 비트앤사일런스를 꾸려나가는 자금으로 다른 브랜드를 더 많이 들여올 수 있지만, 그게 건강한 방식의 운영이라고 생각하지 않아요. 지속 가능하기 위해 마중물을 붓는 중이에요.

므스크샵 한편을 갤러리로 꾸민 것도 흥미로웠어요. 엔티엘 갤러리라 부르죠.

어느 날 갑자기 아내가 저한테 제안한 거예요. 빈 벽에 그림을 걸어보자고. 일반적인 갤러리의 모습이 아닌데 보는 이나 작가들이 전시가 열리는 곳으로 받아들여 줄까 의문이 있었죠. 그런데 우려와 달리 많은 분들이 좋아하세요. 그저 그림을 보기 위해 이 작은 곳으로 찾아오실 때도 있고요. '엔티엘'이라는 이름은 '므스크'에서 시작된 건데 스펠링 M, S, K에서 각각 다음에 오는 알파벳을 모아 N, T, L이라 부른 거예요. 므스크샵의 '넥스트 레벨'이라는 뜻도 담아두었죠.

갤러리의 존재를 곱씹어 보면, 므스크샵이 옷을 넘어 라이프스타일에도 관심이 생긴 건가 싶었어요.

맞아요. 한때는 라이프스타일이라는 카테고리에 굉장히 회의적이었어요. 무엇을 팔고 무엇을 남길 수 있는지가 명확하지 않거든요. 근데 그림은 다른 영역같아요. 그림은 삶에서 필수적인 최소한의 양 이상으로 인간에게 필요하지 않잖아요. 하지만 좀더 더해지면 나의 일상이 풍요로워지죠. 옷도 마찬가지고요. 일상을 나답게 채워주는 것들은 전부 라이프스타일을 위한 도구라고 생각해요.

빼기 보다 더함으로써 즐거워지는 경험, 충분히 공감해요. 대표님에게 옷은 어떤 의미인가요?

대단한 가치가 있다고 생각하진 않아요. 숍을 운영하는 사람으로서, 옷은 단순한 소비재예요. 사람이나 사회를 직접 바꿀 만한 힘은 없지만, 고르고 입는 사람의 취향을 나타내는 도구로는 충분하겠죠. 그 의미에 대해 깊게 생각하지 않는 이유는 좋아하는 걸 떠올리면서 스트레스를 받고 싶지 않기 때문이에요.

그 마음은 므스크샵 손님들에게도 전하세요?

꼭 얘기합니다(웃음). 충분히 감당할 수 있는 금액이고 어렵지 않은 옷인데 고민을 많이 하는 손님이 계시면, 옷을 너무 심하게 생각하지 말라고 해요. 일단 입어본 후에 판단해도 늦지 않다고요. 옷을 산다는 건 결국 자신을 위해 내린 선택이잖아요. 그 선택에 대해 남들에게 증명받을 필요가 전혀 없어요. 남들이 싫다고 해도 내가 좋으면 입는 거고, 아무리 남들이 잘 샀다고 해도 내 마음에 들지 않으면 옷장에 내내 묵혀둘 테니까요.

나이나 키, 성별처럼 이런저런 기준에 휘둘리기보다 나다운 취향을 지키기 위한 조언이네요.

무언가를 구매했을 때 잘 샀다는 이야기를 듣고 싶어 하는 마음도 물론 이해해요. 하지만 그 단계에 어느 정도

머물렀다면 이다음에는 넘어가야 해요. 타인의 판단에 영원히 머무르면 안 돼요. 그래야 취향도 발견하고 체형에 맞는 옷이 무엇인지 알게 되는 체득의 영역에 도착하게 될 거예요. 그쪽이 훨씬 중요한 거고요.

문득 수십 년이 흐른 뒤, 대표님은 무얼 입고 있을지 상상해 보고 싶어요.

할아버지가 되어서도 옷 사러 오는 손님들 응대해 주는 모습 멋지지 않나요? 백발 할아버지가 된 제가 카운터에 서 있는다면… 아무래도 지금처럼 잘 팔리는 것, 잘 팔고 싶은 걸 입고 있을 것 같네요(웃음).

민수기 대표와 함께 여름의 더위와 녹음이 만연한 서촌 곳곳을 걸었다. 애정 어린 태도로 길가에 놓인 이웃 가게들을 소개하는 그를 보니 한 사람이 이 동네를, 이 동네에서 보내는 일상을 얼마나 사랑하는지 와닿았다. 흙에서 자라는 작은 행운처럼 새겨진 스페이드 자수의 반팔 셔츠, 매일 신는 삭스타즈의 양말, 마음에 드는 옷을 입고 소개하는 일, 자신이 좋아하는 걸 즐기는 사람들이 가득한 서촌까지. 그의 마음 한편에 있을 취향 목록을 나의 마음대로 써 내려가 본다.

편하고 오래 가는 마음

강수민—미구프로덕트

에디터 이명주

포토그래퍼 김혜정

한 번 입어보고 다시는 손이 가지 않는 옷이 있는가 하면
반대로 나의 몸과 마음, 나아가 일상에까지 꼭 맞는 옷이 있다.
미아동의 한적한 골목 한편, 작은 언덕이 그려진 입간판을
세워둔 '미구프로덕트Migu Product'는 몸에 닿는 옷과 물건에서
불편함이라는 단어를 지웠다. 주인장 강수민의 취향에서 흘러나온
모든 것은 품이 넉넉하고 여유로우면서 사람을 대하는 데 경계가
없기 때문이다. 미구프로덕트에서 고르고 지은 경쾌한 실루엣의
원피스를 입을 때마다 기분이 좋은 이유를 알아챘다. 편하고
오래가는 옷은 그와 같은 마음으로 지어냈기에 가능하다는 걸.

비 오는 날의 미구프로덕트를 만나게 됐네요. 반가워요.
어서 오세요. 궂은 날이라 미아동까지 걸음 하는 길이
괜찮으실지 걱정했어요. 아침부터 장맛비가 쏟아지네요.

마음 한편에서 비와 '미구'가 어울린다고 생각했어요.
날이 궂어도 귀여운 블라우스나 장화를 신고 하루를 거뜬히
보낼 것 같거든요. 비 오는 날을 좋아해요?
정말 좋아해요. 하지만 가게 운영 면에서는 내내 마음이
쓰여요. 여기 미아동이 서울 중심부와 좀 떨어져 있는데,
구경할 곳이 그다지 많지 않아요. 미구프로덕트 하나만
들르기 위해 오는 분들도 계셔서 날이 궂으면 손님들이
고생하실까 봐 걱정되더라고요.

저는 가뿐한 마음으로 왔으니까 걱정 마세요. 지금 입고
있는 옷은 미구에서 소개하는 제품이죠?
맞아요. 일본 의류 브랜드 '오드리Audrey'에서 올여름 시즌
제품으로 출시한 브라운 컬러 원피스예요. 여기다가 보라색
양말과 검정 샌들을 신었고요. 미구프로덕트에서는 자체
제작 의류 외에도 일본의 옷과 생활에 쓰이는 잡화를 함께
소개하고 있어요. 입점된 브랜드들은 전부 제가 자주 쓰고
입어보는, 제 일상과 가까운 것들로 골라두었고요.

양말 색깔이 정말 귀엽네요. 평소에는 그날의 옷을 어떤
마음으로 골라요?
샤워하면서 떠오르는 걸 입어요(웃음). 옷을 고르며
스트레스를 받고 싶지 않거든요. 고등학생 때 호르몬
문제로 살이 많이 찐 적이 있는데, 그러다 보니까 체형에
구애받지 않는 옷을 찾게 되더라고요. 몸에 딱 맞거나
조이는 듯한 느낌이 들면 내 몸이 계속 신경 쓰이는 게
싫었어요. 그때부터 편하게 훌훌 입고 나갈 수 있는 옷을
좋아했고, 그때 입던 걸 아직도 입어요. 펑퍼짐한 상의나
원피스가 밋밋해 보이면 양말이나 가방, 소품에 컬러를
더해주고요.

스스로를 "프로엔잡러"라고 표현한 글을 인스타그램에
올렸죠. 어떤 일들을 하고 있어요?
대학교 마지막 학기 즈음부터 미구를 꾸리기 시작했는데,
'삼성패션연구소'라는 곳에서 회사 생활을 짧게
병행했어요. 지금은 다른 의류 브랜드들의 촬영과 디렉팅,
룩북과 시즌 준비에도 참여하고 있고요. 미구에서의 일이
점점 바빠져서 이제 다른 건 내려두고 여기에 좀더 집중해
보려고요.

오늘은 미구프로덕트의 대표로서 이야기를 나눌 텐데요.
대표라는 호칭, 어떤가요?

조금 부끄러워요(웃음). 주인장 정도면 적당할 거 같아요.
사실 지금 인터뷰도 떨리거든요. 새언니가 《AROUND》
매거진을 구독하고 있어서 집에 갈 때마다 넘겨봤는데,
이렇게 만나게 된 게 신기하고 기뻐요.

좋아요. 그럼 미구프로덕트 주인장인 수민 씨로 부를게요.
하루를 어떻게 보내는지 궁금해요.
쇼룸은 오후 2시부터 7시까지 운영해요. 오전 10시부터
오픈 직전까지 혼자 택배 작업을 해야 해서 하루 중 문 여는
시간이 길진 않아요. 쇼룸을 닫으면 매장 정리와 온라인
배송 업무를 마무리 짓고요. 일요일과 월요일은 쇼룸이
쉬는 날인데, 그때도 제작 상품 미팅이나 원단을 보러
다니다 보면 쉬는 날이 금방 지나가요. 내성적인 성격이라
일과 후에 친구들을 만나는 빈도가 적은데요. 일을
마치고 저녁 10시쯤 집에 가면 그때부터는 온전히 나만의
시간이니까 휴식에 대한 갈증도 별로 없어요.

그래도 일하는 시간이 꽤 긴데 가끔은 누군가의 도움이
필요하겠어요.
'고시생'이라고 부르는 가장 친한 친구가 있는데, 그 친구가
준비하던 시험에 떨어지면 미구에 들어오겠다고 했어요.
그런데 떨어질 때마다 또다시 시험을 준비하는 거예요.
이번이 마지막이라면서요(웃음). 지금은 택배 발송 수량이
많을 때만 일일 단기 알바 친구들을 불러서 같이 작업해요.
그리고 근처에 오랫동안 알고 지낸 '가현 옷 수선집'
이모님이 계신데요. 의류 공장을 운영하던 분이라 작업에
대해 잘 아셔서 흔쾌히 도와주셔요. 저도 섭섭지 않게
챙겨드리고요.

앞서 대학교 마지막 학기에 미구프로덕트를 시작했다고
했는데 특별한 계기가 있어요?
제가 여기 근처에 있는 성신여대 의류학과를 졸업했어요.
그래서 미아동이나 쌍문동은 대학교 시절부터 자취하면서
내내 머무른 곳이기도 해요. 방금 말한 수선집 이모도
그때부터 알고 지냈고요. 미구의 시작은 직접 만든
가방이었는데, '실용'과 '필요'라는 단어를 집약해서
만들었어요. 의류학과를 다니면 짐이 무척 많거든요.
자도 보통 쓰는 것보다 훨씬 크고, 미싱에 들어가는 실기
도구나 가위 같은 게 굉장히 무거워요. 일반적으로 쓰는
천가방에는 작업 도구를 넣고 다닐 수가 없고, 괜찮은
작업 가방이 있는지 찾아보면 너무 비싼 거죠. 그러던 중
도쿄 여행에서 우연히 마음에 드는 원단을 발견했어요.
옥스포드 컨버스 원단이었는데, 부드러우면서도 탄탄해서
힘을 받아도 거뜬해 보이더라고요. 조금 구입해서 한국으로
돌아온 후에 저만의 가방을 만들어 봤어요. 줄 이어폰 쓰던

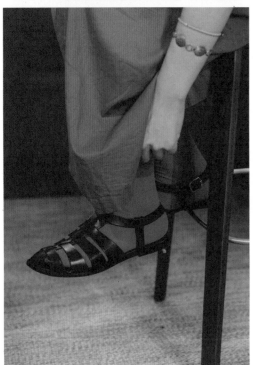

시기니까 가방 안에서 꼬이지 않도록 고정 스트랩을 달고,
토트백이나 크로스백으로도 쓸 수 있도록 끈을 매달았죠.
그리고 그걸 블로그에도 올렸어요.

그 길로 찾는 사람이 많아졌나 봐요.
맞아요. 학교 다닐 때부터 뭐든 많이 배워야 볼 줄 아는
눈이 생긴다고 생각했어요. 낮에는 디자이너로 일하다가
밤에는 동대문 시장에서 소매업자분들을 응대하기도 했죠.
블로그도 하나의 유통 방식을 배운다는 마음으로 올린
건데 가방을 갖고 싶어 하는 분들이 점점 많아졌어요.
작업실이 없으니까 학교에서 야간 작업을 신청해서 만드는
데도 부족한 거예요. 결국 작업실 겸 매장을 구해야겠다는
생각으로 학교 주변 이곳저곳을 둘러보기 시작했고, 옆
골목에서 '미아 원조 흑염소'라는 간판이 붙은 건강원을
발견하게 됐어요.

**작업실을 연 게 2018년도라고 알고 있는데, 대학 시절부터
지금까지라면 미아동에서만 꽤 오래 머물렀네요.
오픈 준비는 순조로웠어요?**
부모님께서는 하고 싶은 걸 해보라며 믿어주시는 분들인데
그만큼 모든 준비와 책임은 저한테 있어요. 그러다 보니까
최대한 손을 벌리고 싶지 않았고, 제대로 된 사업을 하자는
마음으로 시작한 것도 아니었기 때문에 월세만 벌자는
목표를 세웠죠. 그때 제가 알바로 모은 돈은 자취방에 전부
쏟아 넣은 터라 자금이 충분하지 않더라고요. 고민하다가,
학교에서 토익 시험에 응시하고 900점이 넘으면 장학금을
준다길래 열심히 공부했죠. 그렇게 얻은 돈으로 가게
계약을 하고 나니 이번에는 미싱이나 매장에 두고 써야
할 집기들을 사야 하는 거예요. 운이 좋았다고 해야 할지
모르겠지만(웃음), 때마침 택시를 타고 가다가 사고가 나서
보험금이 나왔어요. 그걸로 부족한 부분을 채우고 원단도
한가득 사두고서 문을 열게 된 거예요.

혼자서 단단한 마음으로 성실하게 일해왔네요.
그런데도 제 눈에는 여기저기 부족한 점투성이처럼
느껴지더라고요. 작은 가게에 손님들이 찾아오는데
보여드릴 건 가방 하나뿐이니까요. 무언가 다른 걸 함께
보여줄 순 없을까 고민하면서 제 옷장을 열고 가만히
쳐다봤죠. 그런데 같은 브랜드 옷이 꽤 많더라고요. 내가
만든 가방을 좋아하는 사람이라면 내가 고른 옷도 좋아하지
않을까, 이 마음으로 작업실을 편집숍으로 탈바꿈했어요.

편집숍으로 바꾼 후 첫 오픈 날이 기억나세요?
그럼요. 흑염소집 간판은 그대로 둔 채 몇 가지 옷을
걸어두고, 이웃 떡집에서 시루떡을 맞춰 예쁘게 포장한

후에 손님 맞을 준비를 했어요. 집주인 할머니 댁을
포함한 가게 주변 이웃분들께도 떡을 나누어드리고
보잘것없는 작은 가게로 와주신 손님 몇 분을 대접했는데…
그뿐이었던 거예요. 그날따라 친구들도 시간이 안
맞았고요. 사실 블로그에서 가방을 만들어 소개할 때는
끊임없이 품절됐어요. 저한테 이익이 크게 남는 제품은
아니지만 저렴한 가격이라고 생각하지 않았는데도요.
어린 마음으로는 많이들 와주실 거라 기대했고 그분들이
빈손으로 돌아가지 않도록 준비한 건데 예상이 엇나간
거죠. 잔뜩 쌓인 시루떡을 형용할 수 없는 마음으로 가만히
쳐다보기만 했어요. 그 마음을 잊을 수가 없어서 직접
들러주시는 모든 분들께 진심으로 감사해요. 장난을 조금
담아, 지금도 시루떡은 잘 안 먹어요(웃음).

**이제는 웃을 수 있는 추억이 됐지만 그날의 마음을
헤아려보면… 조금 뭉클해요. 그 자리에서 한 골목 지나
여기로 가게를 옮겼죠. 얼마나 됐어요?**
4년 정도 됐어요. 다행히 미구를 찾는 손님들이 점점
많아지고 온라인 홈페이지도 오픈하면서 배송 업무를
위해 더 넓은 공간이 필요했거든요. 둥글게 깎인 아치형
문이나 목조로 이루어진 부분은 그동안 여행을 다니며 만난
아름다운 공간들을 생각하면서 만든 거예요. 종일 여기서
일해야 하기 때문에, 제가 기분 좋게 출근하고 싶어지는
공간이길 바랐어요.

'미구'라는 이름의 의미가 궁금해지네요.
미아동이 본디 두루 펼쳐진 언덕이라는 뜻을 담아 지었다는
설이 있대요. 그래서 언덕을 바라본다는 의미로 '볼 미觀'와
'언덕 구丘'를 붙이고, 그 이름을 바탕으로 작은 동산과
해가 뜬 듯한 로고를 만들었어요. 나고 자란 울산 이외에는
미아동에서만 지냈으니 두 번째 고향이나 다름없는데,
이제는 고향을 본다는 의미도 담고 싶어요.

**부르기에도, 곱씹어보기에도 다정한 이름이에요. 거기에
'프로덕트'가 붙은 이유는 뭐예요?**
이 질문에 답을 하고 싶어서 맨 처음 가게를 열었을 때의
기록을 찾아봤어요. 2018년 5월 30일인데, "시간을
뛰어넘어 사랑받는 제품을 만드는 건 모든 제작자가
꿈꾸는 일일 것입니다. 오래된 물건에 애정을 가지고 나이
들어가는 일 또한 그것 못지않게 행복한 일이겠지요.
오랜 시간 사랑받는 미구 프로덕트를 소개합니다."라고
적었더라고요. 처음에는 내가 쓰기 위한 가방으로
시작했다면 그다음에는 그때의 취향으로 고른 물건들을
소개했고, 이후에는 자취를 하면서 쓰는 도구들을 가져다
두었어요. 나중에 결혼하게 된다면 남편 될 사람과 함께

입을 옷도 지을 테고, 아이나 반려동물이 생기면 그에 맞게
쓸 만한 물건들을 만들 거예요. 내가 고르고 만든 것들과
함께 천천히 나이 들고 싶어서 붙인 단어예요.

**직접 제작한 의류는 무얼 가장 중요하게 생각했는지 알고
싶어요.**
티셔츠나 맨투맨, 슬리브리스처럼 대단한 아이템은
아니지만 가려운 곳을 긁어주는 걸 만들고 싶었어요.
원단이나 소재에 신경을 쓰는 건 당연하고, 옷의 흐름이
딱딱하지 않도록 패턴 뜰 때 직선보다 곡선을 많이 쓰죠.
놓여 있는 옷이 직선처럼 보여도 그걸 입는 사람 몸은 전부
곡선이니까요. 혼자 하다 보니 옷의 가짓수가 엄청 많진
않지만 때마다 제가 입고 싶은 걸 만들어 보고, 불편했던
부분을 개선하거나 아이디어를 더해서 계절에 맞춰
나오려고 해요.

**미아동 이야기를 더 들어볼까요. 수민 씨가 느끼기엔
이 동네의 어떤 점이 특별해요?**
평균적으로 동네에 머무는 어르신들 연령이 높은 편이에요.
처음에는 제가 일찍 나와서 늦은 밤까지 가게 불을 켜둔
모습을 보고 신기하셨는지, 뭐 하는 곳인지 물어보곤
하셨어요. 그러다가 컴퓨터에 무엇 좀 설치해 달라, 메시지
좀 적어 달라, 소상공인 혜택 서비스 신청해야 하는데
도와 달라, 이런저런 부탁을 하시더라고요(웃음). 대신
지나가시면서 참외나 수박 쥐여주시거나 청과점에서 산
흙 잔뜩 묻은 당근을 툭 건네시고요. 직접 만든 떡볶이
먹어보라고 주시고 가게 앞에 둔 식물을 저 대신 꼼꼼히
살펴주기도 하세요. 어르신들만의 정을 느낄 수 있는
곳이에요.

식물은 어떻게 돌봐주시는 거예요?
오늘도 지나가실 것 같은데, 근처에 허리가 구부러진
할머니가 살고 계세요. 한번은 튤립 다섯 송이를 사서
가게 앞에 둔 적이 있는데요. 어르신들의 시선과 젊은
사람의 시선에서 키우는 식물이 달라서인지 볼 때마다 참
예쁘다고 좋아하셨죠. 꽃 한 송이가 시들 즈음에 튤립은
구근을 말려서 심는 식물인 걸 아는지, 그걸 할 수 있는지
물어보시더라고요. 전혀 모른다고 했더니 할머니가 데려가서
다시 꽃을 피운 후에 돌려주시겠다는 거예요. 도리어 짐이
될까 봐 싱싱한 친구를 가져가시라 해도, 당신은 꽃이랑
멋진 강아지가 좋다며 그 꽃을 빌려 가겠다고 하셨어요. 빌린
값이라며 찰토마토 세 개도 주셨고요.

**튤립 한 송이를 빌리는 할머니라니! 그 꽃은 다시
돌아왔나요?**

아뇨. 실패하셨나 봐요. 돌려받지 못했어요(웃음). 동네
할머니들, 할아버지들이랑 재미있는 추억이 많아요. 어릴
때부터 부모님이 바쁘셔서 할머니 손에 자랐는데 괜스레
그런 마음들이 반갑기도 하고요. 제가 이곳에 오래 머물 수
있도록 해주는 발판 같아요.

**한 동네에 뿌리내려 씩씩하게 지내는 모습을 보면서
가족들이 응원을 보낼 것 같아요.**
2019년에 남녀 공용 맨투맨을 만든 적이 있는데요.
대구에서 식당을 운영하는 친오빠와 새언니가 그 옷을
색깔별로 전부 샀더라고요. 무뚝뚝한 편이라 별다른 말은
없지만 식당을 다녀간 손님들이 올린 후기를 보면 항상 그
옷을 입고 있는 거예요. 마음을 모아 만든 옷을 소중하게,
기분 좋게 입어주니까 고맙죠. 그리고 제가 이런 취향을
갖게 된 건 어머니 영향이 커요. 일본에서 온 의류나 원단,
가구, 그릇 등에 오래전부터 관심이 많으셔서 아름다움을
보는 시선을 자연스럽게 물려받았어요. 저랑 옷 고르는
취향도 비슷하고 완전 멋쟁이예요. 지금은 아버지랑 마트를
운영하시다 보니 주로 편한 옷을 입는데, 당신도 저처럼
예쁘게 입고 싶다는 말씀을 자주 하세요. 엄마와 내가
좋아하는 걸 함께 누리고 싶은 바람이 생겨서 언젠가 온
가족이 미구를 함께 꾸려나가도 좋겠다는 생각을 해요.

**그 마음이 애틋하게 느껴져요. 손님들의 말 한마디도
수민 씨에게 큰 힘이 될 텐데요.**
얼마 전에 송장을 뽑는데 거기에 배송 메시지가 적혀서
나오거든요. 별다른 내색 없이 오랫동안 미구를 이용해
주신 손님이라 성함을 알고 있는데 메시지 칸에 처음으로
"늘 만족합니다"라고 적으신 거예요. 단 여섯 글자를
보자마자 마음이 울컥하면서 힘이 솟더라고요. 나의 진심이
잘 나아가서 닿고 있다는 생각이 들어서요. 그 외에도
손님들이 배송 메시지를 통해 보내주신 응원을 하나씩 다
읽어보고 마음에 간직해요.

**매장으로 온 손님들을 대할 때는 어떤지 궁금해요.
적극적으로 다가가 조언하는 편인가요?**
어느 정도 일을 하다 보니까 어떤 성향의 손님인지 알아보는
눈이 생기더라고요(웃음). 누군가와 함께 고민하고 싶어
하는 분들에게는 좀더 다가가서 대화하는 편이에요. 사람은
대부분 콤플렉스를 갖고 있잖아요. 어떤 부분을 가리고
싶은지, 반대로 어떤 부분을 장점으로 드러내고 싶은지
찾는 걸 도와드리려고 노력해요. 저를 예로 들자면 어깨가
좁은 편이라, 어깨부터 소맷단에 디테일이 들어간 원피스를
추천하면서 기장과 품이 넉넉하니까 체형 커버도 되고
활동성이 높다고 말씀드리는 거죠. 손님 한 분에게 더 가까이

다가가는 건 작은 가게이기에 잘할 수 있는 부분인 것 같아요.

**"주인장과 손님들이 모두 결이 같고 분위기가 닮았다는
말"을 좋아한다는 기록을 봤어요. 이유가 궁금해요.**
제 취향은 미구를 시작할 때와 변함이 없고 그런 미구를
오랫동안 응원해 주시는 단골손님들이 계세요. 그분들과
하나의 시선으로 함께 나이 들어가고 있죠. 같은 걸
좋아하기에, 제가 만든 공간이어도 여기서 저만 아는 건
하나도 없어요. 좋아하는 마음을 공유할 수 있다는
것만으로도 기쁜데, 미팅을 앞둔 브랜드 대표님께서 저런
말씀을 해주시더라고요. 가게로 들어가는 사람이 저인 줄 알고
인사를 하려는데 알고 보니 손님이셨다면서요. 미구를 통해
만나는 모든 분들을 자세히 들여다보면 저마다 사랑스러움이
있는데 그게 닮았다고 해주시는 것 같아 기분 좋았어요.

**그러고 보니 나이 지긋한 손님들도 곧잘 오신다고
들었어요. 엄마랑 딸이 함께 오는 경우도 있고요.**
맞아요. 옷가게에 젊은 친구들이 와글와글 모여 있으니까,
어머니뻘 손님들이 자주 들여다보시거든요. "우리가
입는 옷도 파나?" 하면서요. 이것저것 입어보면서 즐거운
마음으로 쇼핑하세요. 사실 미구에서 소개하고 있는 일본의
'노던 트럭Northern Truck', '놀스 오브젝트North Object De
Petit', '리라식Lilasic' 같은 브랜드는 50-60대 여성분들을
겨냥한 곳이에요. 그래서 룩북 모델도 연령이 높은 편이죠.
나이가 들면 사이즈가 늘기 쉽잖아요. 체형을 보완하면서
취향을 포기하지 않아도 되는 옷을 알려드리고 싶어요.
제가 좋아하는 사진이 있는데 보여드릴까요?

수민 씨가 대화 도중 보여준 사진

어머나, 멋쟁이 할머니네요(웃음).
그렇죠? 단정한 머리에 볼륨이 들어간 하얀색 반팔
원피스를 입고 스타킹과 메리제인 구두까지. 나중에 이런
할머니가 되고 싶어요.

수민 씨의 취향을 단어로 표현한다면 뭐라고 하고 싶어요?
음, '목가적'이라는 말이요.

(휴대폰을 든다.) 정의를 한번 찾아볼까요? "농촌처럼
소박하고 평화로우며 서정적인 것."이라고 하네요.
한번은 손님들에게 여쭤본 적 있어요. 미구나 저를
생각하면 어떤 말이 가장 먼저 떠오르느냐고요. 오래된
단골손님이 목가적이라는 단어가 생각난다면서 말씀해
주셨죠. 그런데 그 말이 의류 브랜드에서 흔히 쓰이진
않잖아요. 옷을 유달리 잘 입거나 화장이나 머리 손질에
뛰어난 것도 아니라서, 그 느낌을 겉모습으로만 완성한
건 아니라는 생각이 들었어요. 표정과 태도, 말씨와 공간
분위기 등에서 우러났으리라 싶어서 더욱 그 단어처럼
되려고 노력해요.

옷은 내가 어떤 사람인지를 드러내지만 나의 전부를
보여주는 건 아니네요. 입는 것이 일상에서 중요한 의미지만
가끔은 훌훌 내던지고 신경 쓰고 싶지 않기도 해요.
그 말을 들으니까 작년 여름휴가가 생각나는데요.
언젠가 읽었던 소설의 작가님께서 프랑스 여행을 할
때 일상복 안에 속옷 대신 비키니를 입었다는 이야기를
들었어요. 마음에 드는 호숫가를 발견하면 언제든지
망설이지 않고 뛰어들 수 있도록요. 저도 그 말을 듣고
제주도에서 원피스 수영복을 입고 위에 랩 가디건이랑
바지만 걸쳤거든요. 길을 걷다가 바다가 보이면 옷 벗고
풍덩 들어가서 수영도 하고 스노클링도 했어요. 잠시
햇볕에 몸을 말렸다가 벗은 옷을 간단히 입고 오토바이나
자전거 타러 가고요. 여분의 옷을 챙길 필요 없이 그 상태로
산도 탈 수 있어요. 옷으로 일상에서 얼마나 많은 행동이
국한되는지, 단 한두 벌로도 얼마나 즐겁게 휴가를 보낼 수
있는지 깨닫게 됐죠.

생각만 해도 가뿐해요! 지금까지 수민 씨가 좋아하는 것,
하고 있는 일에 대해 이야기를 나눠봤어요. 아직 나만의
취향이 무엇인지 알지 못하는 사람에게 약간의 팁을
전해주세요.
다른 사람들 눈치를 보지 않는 것부터 시작하면 좋겠어요.
저도 그랬고요. 어딜 가든 예쁘고 잘난 친구들이 있잖아요.
지금 속한 사회가 세상의 전부라고 생각하면서 내가
하고 싶은 게 그 잘난 친구들에게만 어울리는 거 아닐까
고민하게 되는데요. 시간이 흐를수록 세상은 넓고 남들은
나한테 관심이 없다는 걸 피부로 느끼게 될 거예요. 맨날
똑같은 옷을 입었더라도, 어느 날 문득 핫핑크색 양말이
궁금하다면 신어보면 돼요. 그런 경험이 켜켜이 쌓이면서
하나씩 알게 되지 않을까요?

스스로에게 솔직해지는 거네요. 하고 싶은 걸 숨기지
않는 태도로요.
저는 아직도 제 취향이 과도기에 있다고 생각해요. 취향은
목적지가 아니니까 할머니가 될 때까지 혹은 할머니가
되어서도 변할 수 있잖아요. 내가 지금 무얼 좋아한다고
정의하기보다 그때마다 선호에 맞는 것들을 충분히 즐길
수 있는 마음가짐이 더 중요해요. 지금 바라보고 즐기는
것들이 쌓여서 나중에 나의 취향 한쪽이 된다고 생각하면
일상이 더 애틋해져요.

좋아하는 것에 잔뜩 둘러싸여서 귀여운 할머니가 되어
있을 수민 씨가 보여요(웃음).
원피스에 다른 옷을 레이어드하고, 빨간 양말 신고
립스틱도 바르겠죠? 그땐 화장도 지금보다 늘어 있지
않을까요(웃음)?

수민 씨와의 만남을 상상할 때마다 말랑하고 사랑스러운
사람을 떠올렸다. 작은 언덕을 바라보는 마음으로
미구프로덕트에서 매일을 보내는 수민 씨는 상상대로
말랑하고 사랑스럽지만, 상상보다 단단하고 심지가 곧다.
그런 그가 골라 내보인 물건들 사이에서 마음에 드는
체크 스커트를 하나 골랐다. 품과 길이가 넉넉해서 어떤
걸음이든 나와 함께해 줄 듯싶었다. 포장에는 여전히
서투르다면서도 옷을 어루만지는 수민 씨의 손길은 다정해
보였다. 나는 미아동의 언덕이 새겨진 새파란 봉투를 들고
걸으며 생각했다. 취향을 안은 지금의 기쁨이 주인장의
해맑은 미소와 꼭 닮았다고.

햇빛이 은은하게 닿는 치마, 바람이 어깨에 머무른 퍼프 블라우스. 또렷한
취향으로 단장한 박지수는 서촌으로 향한다. 마음을 움직인 물건을 네 개의
공간에 풀어두는 세월 동안, 자하문로 일대는 그의 취향으로 조금씩 물들었다.
우리가 만난 날, 문득 두 발끝 달린 리본이 그를 닮았다고 생각했다. 작고
사랑스러운 모습으로 눈앞에 펼쳐진 길을 곧게 바라보며 나아가고 있으니.

두 발끝 리본처럼

박지수—오에프알 서울·미라벨

에디터 차의진
포토그래퍼 장수인

오늘은 '오에프알 서울Ofr. Seoul'이 쉬는 날이라 이곳에 우리뿐이네요. 평소 좋아하는 공간에서 이야기 나누게 되어 기뻐요.
자주 들러 주셨다니 감사해요. 만나서 반갑습니다.

최근에 휴가 차 해외에 다녀오셨다면서요?
네. 뉴욕에 다녀왔어요. 좋은 시간을 보냈네요.

SNS 사진에서도 즐거움이 느껴지는 듯했어요. 그나저나 이곳 2층에 자리한 '미라벨Mirabelle'은 올해 7년째 운영 중이죠? 프랑스에 머무를 때 시작했다고요.
맞아요. 다니던 회사를 그만둔 다음 앞으로 무얼 할지 생각해 보려고 프랑스로 떠났어요. 언어부터 배우려고 어학원에 등록했고, 남는 시간에는 일하려고 했는데요.

일단 해보는 마음이었군요. 지수 씨는 다양한 물건 중에서도 취향이 담긴 것들을 꾸준히 소개하고 있죠.
한국에 있을 때도 이태원 보광동 앤틱 마켓 같은 곳에서 빈티지 소품을 모았어요. 그런데 현지에 오니까 가격도 합리적이고 좋은 물건이 훨씬 많더라고요. 이런 걸 한국에도 알리고 싶은 마음에 조금씩 구매 대행을 했는데, 많은 분들이 좋아해 주셨어요. 나중에는 빈티지가 아닌 한국에 없던 프랑스 브랜드 기성품도 판매했죠. 빈티지는 수량이 하나뿐인 데다 포장도 까다로웠기 때문에 대안을 고민한 결과였어요.

그렇게 들여온 브랜드 중 하나가 '흐깡Reqins'이죠? 쇼룸에 가봤는데 사랑스러운 공간이라고 느꼈어요.
좋게 봐주셔서 감사해요(웃음).

학원도 바쁜 데다, 프랑스어가 어느 수준이 되기 전까지는 직장을 구하기 어렵더라고요. 용돈벌이가 될 만한 일을 고민하다가 빈티지 소품을 한국에 소개하기 시작한 거예요.

해외에서 한국에 소품을 판매한다는 게 어려운 일이잖아요. 어떻게 용돈벌이 삼아 시작하게 됐나요?
쉽게 시작한 건 아니었어요. 일을 해야 한다는 절박한 마음에서였죠. 제가 프랑스에서 물건을 보내면, 한국에 사는 친구가 다시 국내 택배로 상품을 고객들에게 보내는 식이었는데요. 절차도 복잡했고 배송비도 비쌌어요. 실제로 문제가 생긴 적도 있고요. 하지만 저는 문제를 마주하기 전까지는 미리 걱정하지 않는 성향이고, 문제가 발생해도 해결에 집중하는 편이라 미라벨을 운영할 수 있었던 것 같아요.

나의 취향을 닮은 물건을 다른 사람들도 좋게 봐준다는 건 뿌듯한 경험이겠어요.
그럼요. 특히 흐깡을 한국 손님들이 좋아해 주시는 게 신기했죠. 프랑스에서는 국민 신발 같은 존재거든요. 단독 매장은 없지만 어떤 신발가게에 가도 있는 제품이에요. 고급화 전략을 쓰지도 않고 합리적인 가격으로 판매하는데, 그 점이 오히려 마음에 들었어요.

쉽게 접근할 수 있는 느낌 때문이었을까요?
네. 어떤 가게의 어떤 상품들은 절대 만지면 안 될 것 같은 느낌을 주기도 하잖아요. 그런데 흐깡은 사람들이 언제든지 와서 편하게 살펴볼 수 있으면서 누구나 좋아하고, 쉽게 살 수 있다는 점이 제 취향과 딱 들어맞았죠.

오에프알도 편하게 방문할 수 있는 공간이라고 느껴요.
이곳은 파리 마레지구에 있는 유서 깊은 편집숍, 오에프알
파리의 분점이죠. 지수 씨가 파리에 있을 때, 창립자
알렉상드르 튀메렐Alexandre Thumerelle이 먼저 서울에
매장을 열어보자고 제안했다고요.
처음에는 믿기 어려웠어요. 그냥 해보는 말인가 싶고,
장난인지 의심도 했죠. 그런데 알렉스가 매장 위치 후보를
보내달라고 하거나, 오픈 일정을 물어보더라고요. 고마움과
감동이 컸지만, 서울의 공간이 파리 오에프알의 아류 같은
느낌이 날까 두렵기도 했어요. 어설프게 따라 한 느낌이
나지 않길 바라면서 파리 디렉터와 의논하며 도움을
받았고, 지금의 모습을 갖추게 되었네요.

공감해요. 지수 씨는 다양한 패션 아이템을 소개하고,
관심도 많아 보이는데, 어떻게 좋아하게 됐나요?
엄마가 교사였는데 꾸미는 걸 너무 좋아하는 분이었어요.
보통 선생님들이 옷을 화려하게 입는 편은 아닌데, 엄마는
조금 특이하셨던 것 같아요(웃음). 그때 엄마가 패션지
《VOGUE》를 정기 구독하셨는데요, 따라 읽는 일이 정말
재밌었어요. 올여름 바캉스 추천 아이템이라는 제목으로
상품 사진을 모은 기사가 있다면 제일 마음에 드는 제품을
골라서 스크랩도 하곤 했죠. 누가 시킨 것도 아니었는데
말이에요. 그렇게 자연스럽게 다양한 브랜드를 알게 됐어요.

그때가 중·고등학생쯤이었을까요?
초등학생 때였어요. 그 후로 패션을 점점 좋아하게 됐지만

어떤 인터뷰에서는 이런 말도 했어요. "나만의 색을
뚜렷하게 나타낼 수 있고 계속해서 아끼게 되는 상품이
좋은 상품이라고 생각한다."라고요. 오에프알과
미라벨에서 시간이 느리게 흐르는 듯한 느낌을 받는
이유가 여기에 있을까 싶었어요.
결국 손이 자주 가는 물건은 유행하는 것이라기보다 소장
가치가 있는 것들이니까요. 요즘은 인스타그램을 켤 때마다
모르는 브랜드를 보게 돼요. 전부 대단한 브랜드지만
우리나라에서는 모든 게 너무나 쉽게 생기고 사라진다는
생각이 들었죠. 카페만 해도 문을 연 지 몇년 만에 사라지는
곳들이 많잖아요. 뭐든 빨리빨리 바뀌는 문화가 아쉽게
느껴져요. 그래서 판매할 때도 그 점을 염두에 두게 돼요.
조금 극단적인 표현일 수 있겠지만, 제가 파는 물건이
한두 달 쓰고 버릴 쓰레기가 되면 안 된다고 생각해요.

관심이 많은 정도에 그쳤는데, 프랑스에 교환학생으로 가서
충격을 받았어요. 모두가 잡지나 미국 드라마에서 나오는
것처럼 멋지게 하고 다니는 거예요. 한국에서는 특이하게
입으면 이목이 쏠리기도 하는데, 옷차림도 다양했고요.
심지어 멋쟁이 할머니, 할아버지도 많았죠. 옷에 완전히
빠져서 교환학생 일 년간은 옷 구경만 다닌 것 같아요.

우와, 정말요?
친구들과 빈티지숍나 아웃렛을 다니면서 새로운 브랜드를
접하는 일이 재밌었어요. 그때 제가 옷을 많이 좋아한다는
걸 알았죠.

다시 한국에 돌아와서는 패션 회사에서 일했죠? 패션을
취미로 좋아하는 것과 일로 다루는 건 조금 달랐을 것 같은
데요.

맞아요. 제가 사고 싶은 상품이 아니면 애정이 잘
안 가더라고요(웃음). 그래서 지금은 제가 좋아하는 상품을
소개하고, 많이 사고 자주 착용하는 삶을 지향해요. 그게
진정성이잖아요. 나한테 예뻐 보이지 않고, 내가 사랑하지
않는 물건을 어떻게 팔겠어요. 거창해 보이겠지만 저한테는
일종의 신념이에요.

**그러고 보니 오늘도 흐깡의 플랫 슈즈를 신었네요.
평소에도 자주 착용하는 것 같았어요.**
개인소장 하고 있는 흐깡 신발이 정말 많은데요. 프랑스
본사와 상품에 대해 의견을 주고받기도 해요. 감사하게도
제 의견을 반영해 제품을 만들어줄 때도 있죠. 예를 들어
영화에서 본 이미지에서 착안해 이런 신발이 있으면
좋겠다고 말씀드리면 신규 모델로 구현해 주세요.

부각한다는 걸 알았어요.

**대표님의 분위기에도 지금 입은 소재가 잘 어울리는 것
같아요.**
어릴 때부터 레이스나 캉캉 치마를 좋아했는데요.
중·고등학교 때 힙합 스타일 옷이 유행한 적이 있어요.
스투시, 베이프, 나이키를 무조건 입어야 했죠. 저도
어떻게든 유행을 따라가 보려고 그 브랜드 옷들을 샀는데,
거울 속 내가 너무 못생긴 거예요.

스스로 조금 어색하게 느껴졌던 거죠?
맞아요. 나는 줄무늬 티셔츠에 치마가 어울리는 사람인데,
그때는 리바이스 청바지에 폴로 카라티, 폴로 모자도
유행이었으니까 쉽지 않았죠.

**브랜드를 함께 만들어가고 있었군요. 일상에서 플랫
슈즈뿐만 아니라 다채로운 의류, 레이스와 프릴도 참 많이
보여요.**
다양한 색, 레이스나 플라워 패턴, 프릴 디자인,
스웨이드…. 저한테 잘 어울리고 좋아하는 요소예요.
'어울리는 옷'이란 틀에 갇혀서 입고 싶은 걸 못 입는 건
싫지만, 어쩔 수 없이 나에게 좀더 맞는 옷이 있잖아요.
저도 한때는 클래식하고 미니멀한 디자인을 좋아했는데,
이제 와서 당시 사진을 보면 정말 어색해요. 정장이나
셋업을 좋아하기도 했다니까요.

…지금은 잘 상상이 안 가요.
(웃음) 저도 그때 제 모습이 신기해요. 숱한 시행착오
끝에 깔끔한 옷보다는 색감이 돋보이는 옷이 제 장점을

**결국 딱 맞는 취향을 찾았네요. 외출할 때 옷은 어떻게
고르나요?**
매일 아침 즉흥적으로 입는데요. 미리 준비하더라도 나가기
직전에 바꿀 때가 많아요. 보통 신발이나 가방처럼 그날
꼭 착용하고 싶은 아이템을 정해두고 거기에 맞춰 나머지
의상을 골라요. 색 한 가지를 정해서 비슷한 계열로만
매치할 때도 있죠. 한 번 입은 코디는 되도록 입지 않으려고
하고요.

**꼭 묻고 싶었던 게, 옷은 자기표현이라는 말이 있잖아요.
지수 씨처럼 옷을 판매하는 사람은 이 표현에 공감하는지
궁금했어요.**
공감해요. 대학 시절 내내 백화점에서 옷을 파는
아르바이트를 했는데요. 꽤 많은 고객이 매장 직원이 옷을

추천해 주길 바랐어요. 그 부분이 솔직히 안타깝더라고요.
내가 입을 옷인데, 왜 남에게 선택권을 줄까 싶어서요.

지금도 그런 손님들을 종종 만나나요?
네. 제일 안타까운 경우는 이런 말을 하는 분들이에요.
"이건 날씬한 사람만 입을 수 있어.", "나는 다리가 안
예뻐." 나이가 있는 분들은 "이런 건 아가씨들이 입어야
해."라는 말을 자주 하세요. 사실 그런 게 어디 있나요?
내가 좋으면 입으면 되고, 잘 어울리게 활용할 방법도
생각해 보면 되는데요.

그럼 지수 씨는 어떤 사람이고 싶어요?
나만의 스타일을 가진 사람이 되고 싶어요. 특유의 개성이
느껴지거나 흔한 아이템도 남들과 다르게 매치하는
사람이요.

**이미 그렇다고 생각해요. 짧은 대화였지만 즐거웠어요.
같이 흐깡에 가보고 싶은데, 어떠세요?**
좋아요. 거기도 오늘이 쉬어가는 날이라 얼른 열쇠를
가져올게요(웃음).

밖으로 나서자, 그가 꾸리고 단장한 공간이 거리 곳곳에서
모습을 드러냈다. 우리가 머물렀던 미라벨과 오에프알,
그 옆은 꽁드와드 미라벨. 맞은편에는 홈오브하이, 코너를
돌면 흐깡. 하늘하늘 걷는 뒷모습을 보며 프릴과 레이스는
비록 유연하게 흔들리지만, 그 안에는 단단한 사람이 머물고
있다고 생각했다. 용감한 마음으로 나아가며 서촌을 자신의
취향으로 물들이는 그런 사람. 혹 걷다 두 발끝 리본이
풀려도 그는 질끈 고쳐 맬 것이다. 자신에게 꼭 맞는 매듭을
찾고 기뻐하며 다시 사뿐 발을 내디뎌볼 것이다. 오늘
그는 무엇을 고르고 입었을까. 옷장을 들여다본 적 없어도
선명한 이미지가 떠오르는 까닭은 그가 이미 자신만의
고유한 모습을 갖췄기 때문일 테다. 낭만적이고 자유롭게,
박지수는 박지수처럼 문밖을 나섰을 것이다.

브루클린을 기반으로 활동하는 디자이너 소피 루 제이콥슨Sophie Lou Jacobsen이 만드는 사물에는 친절함이
배어 있다. 물결 모양의 컵, 컬러풀한 화병, 꽃을 닮은 샴페인 잔이 가진 우아한 형태와 투명한 재질이 뽐내는
순수한 미감 앞에서 사람들은 미소를 머금는다. 단순한 물건을 넘어 생활을 풍요롭게, 그리고 패셔너블하게
만들어주는 사물의 배경에는 문학적 감성과 상업성을 모두 지닌 디자이너가 있다. 제품 못지않은 아름다운
비주얼의 룩북, 섬세한 뉴스레터와 인스타그램을 통해 아름다운 삶의 표본을 제안하고 있는 소피 루 제이콥슨이
처음으로 파리 아파트의 문을 열어주었다. 그녀의 오브제와 빈티지 가구로 채워진 공간으로 들어가 보자.

사물과 사람과의 정서적 연결

소피 루 제이콥슨—디자이너

에디터 양윤정
포토그래퍼 Céline Saby

한국 매체와는 첫 인터뷰예요. 독자들에게 간단한 자기소개 부탁합니다.

미국과 프랑스를 오가며 활동하고 있는 디자이너 소피 루 제이콥슨입니다. 뉴욕에서 태어났지만 부모님은 프랑스 분이세요. 2018년 제 이름으로 된 브랜드를 론칭했고, 매일 사용할 수 있는, 일상에 작은 감동과 기쁨을 주는 테이블웨어를 만들고 있어요. 브랜드가 탄생하고 몇 년이 지난 지금은 사이즈가 더 큰 예술적인 제품이나 수집을 위한 제품 제작에도 집중하고 있고요. 뉴욕에서 함께 일하는 유리 공예 장인들과 수년에 걸쳐 좋은 관계를 맺고 있기에 가능한 일이에요. 직접 유리를 불지는 않지만 이들과 함께 일하면서 유리와 사랑에 빠졌고 전문 지식을 쌓으며 성장하고 있습니다.

유리와 사랑에 빠지게 된 특별한 계기가 있었나요?

유리 제품을 소개하는 그룹 전시회에 참여하게 되면서 처음으로 유리 공예 작업장에 간 적이 있는데, 그게 계기가 됐어요. 장인의 '블로잉Blowing' 기술로 액체였던 재료가 살아나는 광경을 보고 유리의 가능성을 실감했죠. 제가 원하는 디자인과 색상을 그대로 구현할 수 있고 이에 딱 맞춰 반응하는 소재를 찾은 것 같아 무척 신이 났어요. 그렇게 전시를 시작했는데 관람객들이 제품 구입 문의를 해주시는 거예요. 제 디자인의 상품 가능성을 발견하게 된 순간이고, 그렇게 브랜드를 만들어야겠다는 아이디어를 얻으면서 '소피 루 제이콥슨'이 탄생하게 되었어요. 그리고 유리는 매우 로맨틱한 재료예요. 오랜 역사와 전통을 가지고 있고, 만드는 사람도, 그 과정을 지켜보는 사람도 똑같이 시적이면서 감성적인 느낌을 가진다는 게 특별해요.

뉴욕과 파리를 오가며 지내고 있어요. 매력적인 두 도시를 반반씩 경험하는 삶은 어떤가요?

베이스는 뉴욕이고, 60 대 40의 비율로 뉴욕과 파리에서 지내요. 지난 몇 년 동안 파리의 전시회에 참여하는 등 다양한 프로젝트가 생기면서 점점 50 대 50으로 지내려고 노력 중이에요. 프랑스는 가족들이 있는 곳이라 정기적으로 오는데, 제가 파리를 정말 좋아해요. 두 도시의 차이점은 삶의 속도 같아요. 항상 쉬지 않고 굴러가는, 그래서 모든 일이 빠르게 추진되고 많은 잠재력을 가진 곳이 뉴욕이라면, 파리는 반대의 매력이 있어요. 그래서 도착하자마자 마음이 차분해지는 곳은 뉴욕이 아니라 파리예요. 가족들과 함께하고, 친구들이랑 맛있는 음식을 여유롭게 즐기는, 그런 시간에 감사한 마음이 드는 곳이죠. 삶의 질이 더 건강하게 유지되는 느낌이랄까요.

프랑스인 부모님 덕에 그 문화가 당신의 뿌리라는 생각이 드는데요. 거기서 얻은 영향 또는 영감이 작품에도 반영되었을 것 같아요.

미국보다 프랑스 문화에 더 많은 영향을 받은 것은 확실해요. 좀 더 정확하게 얘기하면 프랑스와 유럽이라고 해야겠네요. 유럽에서 지내는 동안 받은 영감과 아이디어를 뉴욕으로 옮겨 가 결과물로 만드는 게 제 일이니까요.

'아르누보Art Nouveau' 스타일이 연상되는 작업들은 무척 여성적이에요. 라이프스타일 또한 동일한지 궁금하네요. 옷 입는 방식을 포함해서요.

페미닌한 면모가 있다고 생각하고, 여성스럽다는 단어로 저를 묘사하는 것에도 동의해요. 장식과 핑크 컬러, 꽃, 굴곡진 라인의 섬세한 형태를 제 디자인에서 발견할 수 있거든요. 하지만 옷 입는 방식은 의외로 장식적이지 않아요. 옥스퍼드 셔츠를 가장 즐겨 입고, 청바지를 정말 좋아해서 몸에 딱 맞는 디자인부터 하이 웨이스트, 배기 스타일 등 많은 종류를 가지고 있어요.

즐겨 입는 것 외에 개인적으로 애착을 가지고 있는 옷은 따로 있을 것 같아요.

물론이에요. 어머니께서 20대 때 산 '조르단Jourdan' 브라운 스웨이드 롱 스커트가 있거든요. 지금도 상태가 좋고 이걸 입으면 제가 완벽해 보여요.

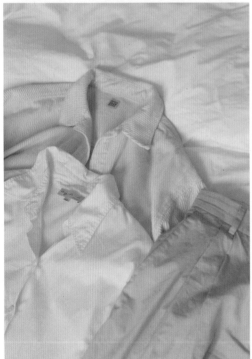

지난봄에는 '제이 크루J Crew'의 캠페인 주인공으로
참여하기도 했어요. 기분이 어땠나요? 유명 패션 브랜드의
얼굴이 된다는 건 특별한 경험이었을 것 같아요.
매우 즐겁고 흥미로운 기회였어요! 유명 하이 스트리트
브랜드의 캠페인에 참여하게 되다니, 만약 제가
10대였다면 이 기회가 주어졌다는 사실을 믿을 수 없었을
거예요! 그들이 저를 선택했다는 것이 감동이었죠. 제이
크루 팀과 유리 공방에서의 작업 과정을 기록화하는 과정이
즐거웠고, 기간 내내 사진, 의상 등 제 캐릭터를 살리기
위해 팀 전체가 노력해 준 것 또한 감사했어요.

옷을 살 때 자신만의 특별한 철학이 있나요?
옷에 관해서는 꽤 본능적이에요. 옷장을 유행에 맞춰
종류별로 채우기 위해 쇼핑을 하는 스타일이 아니라,
좋아하는 아이템 몇 가지를 꾸준히 구입하는 편이거든요.
그래서 비슷한 옥스퍼드 셔츠 스무 벌 정도와 청바지가
옷장에 가득하죠(웃음). 더 이상 필요하지 않지만 마음에
드는 걸 발견하면 결국 사게 되는, 단순하면서도 우아한
옷들이에요. 그래서 다른 옷을 입어도 항상 비슷해 보이는
편이에요. 거의 유니폼처럼 보일 수도 있겠네요.

그럼 자신의 패션 스타일을 정의한다면요?
단순함이요. 그리고 편안함, 우아함, 시대를 초월한 퀄리티.
단색 의상만 입는 경향이 있는데 거기에 주얼리 몇 개와 잘
어울리는 신발을 착용하면 아웃핏이 완성돼요. 단순함이
핵심이죠. 작은 디테일을 더하는 것이 특별함을 가지는
방법이고요.

혹시 인생에서 뮤즈로 삼고 있는 인물들이 있나요?
현재의 소피 루 제이콥슨을 존재하게 한 이들요.
특유의 미적 매력 덕에 영화를 많이 찾아보는 편인데,
아름다운 영화 속에 등장하는 여성들이 저에겐 중요한
영감으로 다가와요. 그들의 행동과 옷 입는 방식,
움직임까지 진지하게 관찰하곤 하죠. 뮤즈라고 부를 만한
특정 인물을 꼽자면 멤피스 그룹의 창립 멤버로 알려진
나탈리 뒤 파스키에Natalie Du Pasquier라고 대답할래요.
그녀의 작업이 보여주는 특별함, 강한 비전 그리고 매체와
유형 사이에서 자유롭게 옮겨 다니며 겸손하고 침착한
태도를 간직한 모습이 시대를 대표하는 디자이너의
경력을 우아하게 대변하거든요. 실제로 만난 적은 없지만
그녀의 작업을 지켜보며 놀라운 에너지를 전달받고
있어요. 다른 뮤즈로는 아티스트 메레 오펜하임Méret
Oppenheim, 건축가 아일린 그레이Eileen Gray, 디자이너
앙드레 퓌망Andree Putman 등을 꼽고 싶어요. 이들은 모두
빛나는 경력, 독립심, 아름다움과 우아함, 강한 정신력을

가진 여성들이에요. 제가 학생 때부터 디자인을 지속할 수 있도록 영향을 준 인물로는 건축가 요제프 호프만Joseph Hoffman과 카를로 스카르파Carlo Scarpa가 있겠네요. 그들의 작업은 제 디자인 전반에 걸쳐 큰 가르침을 주고 있어요.

본인이 디자인한 제품들을 일상에서도 사용하고 있는 것 같아요. 지금 인터뷰 중인 테이블 위에 놓인 유리컵과 실버 트레이도 그렇고요.
맞아요. 꽤 많은 제품을 실생활에 사용 중이에요. 제 디자인만 쓰겠다고 의도한 건 아니지만 소피 루 제이콥슨 제품을 직접 써보는 게 좋아요. 제가 즐기고 좋아한다면 다른 사람들도 똑같이 느끼지 않을까요? 그래서 그 과정을 확인하는 것이 중요해요. 물론 제가 좋아하는 빈티지 제품들과 믹스매치해서 사용하죠. 그래야 덜 지루하잖아요.

선보이기에는 실버만큼 완벽한 재료는 없다고 생각해요. 가장 최근에 작업한 '부케Bouquet' 컬렉션 또한 자랑하고 싶은 제품들이에요. 야생화의 리드미컬한 라인에서 영감을 받은 유리잔들은 장식적인 오브제와 기능성 물건의 경계를 모호하게 표현하고 있어요. 그러고 보니 제품들 하나하나 생각할 때마다 정말 흥분되네요. 그만큼 컬렉션 전부를 사랑해요. 이제는 제 삶에 없으면 안 될 정도로요.

아름다운 오브제가 주는 기쁨은 삶의 질을 올려주는 좋은 수단이 된다고 생각해요. 소피 루 제이콥슨의 디자인이 오늘날 라이프스타일에 미치는 영향을 생각해 봤나요?
뉴욕에서는 가끔 미국인들의 생활 방식 때문에 좌절하곤 해요. 작은 순간을 감상하는 데 시간을 들이지 않는 관습화된 습관 같은 거요. 예를 들어 여유롭게 와인 한

창작자에겐 모든 제품이 다 사랑스럽겠지만 특별히 애정이 더 가는 오브제가 있나요?
하나만 고르는 건 너무 어렵지만… 굳이 선택하자면 유리 제품 중 첫 번째로 제작한 '리플 컵Ripple Cup'이요. 컬렉션 중 가장 먼저 탄생한 제품이지만 개인적으로도 오랫동안 변함없이 잘 사용하고 있고, 쥐었을 때 손에 딱 맞는 느낌이 좋아요. 리플 컵을 대하는 사람들의 반응을 관찰하는 것 또한 즐거워요. 아이와 어른 모두 이 컵을 볼 때 얼굴에 미소를 머금는데, 기쁨의 순간을 만들어주는 느낌이라 행복해요. 이런 반응은 제가 디자인을 통해 전달하고자 노력하는 것 중 하나이기도 하고요. 리플 컵 외에 실버 컬렉션도 정말 좋아하는데요. 유리를 벗어나 실버라는 새로운 재료를 접하고 제작하는 것이 또 다른 도전이기도 했지만, 위트를 간직하면서 좀더 클래식한 디자인을

잔을 곁들이는 식사가 평범한 일상으로 여겨지지 않는 것, 일정을 최대한 빨리 처리하기 위해 이동하면서 식사를 해결해야 하는 상황 등이 너무 당연하게 여겨지죠. 저는 아침에 커피를 마시는 작은 의식도 정말 중요하다고 생각하거든요. 그것이 하루 루틴의 시작이면서 마음을 정돈하게 해주니까요. 그래서 제가 물건을 디자인하는 방식은 실제로 매우 의례적이에요. 와인 잔, 칵테일 잔 등 특정 음료에 특화된 디자인에는 그 음료를 준비하고 공유하는 사람들이 있어야 해요. 그리고 제대로 사용하기 위한 순간의 특별한 주의도 필요하고요. 그리고 저만의 작은 디테일이 있는데, 줄기에 이슬방울이 맺힌 것 같은 섬세한 장식 표현은 사용할 때마다 시각과 촉각에 흥미로운 느낌을 선사하는 역할을 해요. 그래서 사람들이 제 디자인을 통해 사물에 좀더 주의를 기울이고 현재의 행동에

더 집중할 수 있도록 연구하고 있어요. 그들의 삶과 일상을
기존의 틀에서 끌어내고 순간의 즐거움에 집중하도록요.
이런 작은 의식에 흥미를 갖고 라이프스타일을 계획하는
것은 행복 지수와 연결될 테니 매우 중요하다고 생각해요.
그게 제 브랜드와 타 유리 브랜드의 차이점이라고 말하고
싶어요. 소피 루 제이콥슨 제품은 유리잔이 필요해서
구입하는 것이 아니라, 그것이 특별하다는 생각이 들고
사용하고 싶어지기 때문에 사는 거니까요. 그런 소비를
거쳐 소유하게 된 오브제는 즐거운 순간의 의식을 만드는
데 사용하게 되고 행복한 시간을 선물해 줄 거예요.

**지금은 파리에 몇 주간 머물기 위해 와 있는데, 올 때마다
쇼핑 가는 장소가 있나요?**
정말 좋아하는 가게가 있어요. '라 본느 피오슈La Bonne
Pioche'라고 빈티지와 디자이너 옷이 섞여 있는 곳인데,
거기 자주 가요. 그리고 뉴욕에는 없는 '마가렛 호웰Margaret
Howell', 마레지구에 있는 편집숍 '브로큰 암The Broken
Arm'도 좋아해요. 저한테는 뉴욕보다 파리가 쇼핑하기 좋은
도시예요.

**그럼 이번엔 파리에서 가장 좋아하는 장소를 공유해
주세요.**
6구, 7구, 14구를 좋아해요. 가장 좋아하는 박물관은
부르델 뮤지엄이고, 클뤼니 뮤지엄에 가는 것도 좋아해요.
그 근처에 '로즈버드Rosebud'라는 작은 바가 있거든요.
마치 시간 여행을 하는 듯한 느낌을 받을 수 있는 특별한
곳이에요. 갤러리들이 즐비한 6구와 7구를 거닐면서
오래되고 특별한 물건들을 감상하는 일, 사랑스러운
레스토랑에서 친구들과 어울리고 천천히 식사하는 순간이
파리가 좋은 이유예요.

인터뷰 후 그녀는 본인이 디자인한 리플 컵에 시원한
탄산수를 따라주고, 더운 여름날과 어울리는 토마토
샐러드를 가져다 주었다. 그렇게 인터뷰의 마지막이
특별하게 마무리됐다. 차분한 말투와 다정한 제스처,
일상의 작은 순간을 행복한 시간으로 만드는 재주를 가진
참으로 사랑스러운 사람이다.

H. Sophieloujacobsen.com

옷장을 가득 채운 것

084

김도영—김씨네과일

088

히요정—콘텐츠 크리에이터

092

이승영·이동관—마스컴퍼니

누가 예상이나 했겠는가. 직접 만든 티셔츠를 길거리에서 빨간 바구니 위에 턱 올려둔 채로 판다는 것을. 그리고 그걸 사고 싶은 수많은 사람들이 동에 번쩍 서에 번쩍 나타나는 '김씨네과일' 대표 김도영과 하얀 다마스의 발자취를 노린다는 것을. 좋아한다는 이유로 티셔츠 한 길만 뚝심 있게 바라보는 그를 만나기 위해 이태원으로 향했다. 용과가 그려진 티셔츠를 입고 나타난 그는 아무리 봐도 별 볼 일 있다.

별 볼 일 있는 티셔츠

김도영—김씨네과일

에디터 이명주
포토그래퍼 박은비

간판이 멋진데요? 한국적인 느낌도 물씬 나고요. 여기가
'김씨네과일' 쇼룸이죠?

안녕하세요. 대표 김도영입니다. 더운 날 오시느라
고생하셨네요. 여기는 올해 3월 문을 연 김씨네과일
쇼룸이자 작업실이에요. 외부에서 팝업을 진행할 땐
쇼룸을 오픈하지 않아서, 지금은 직원 친구들이 손님을
맞이하기보다 열심히 티셔츠를 만드는 중이죠. 별도로
마련한 다른 작업실을 쓰지 않을 때는 저도 여기로 와서
친구들과 함께 일하고 있어요.

이태원에는 어떻게 닿게 된 거예요?

집이 근처에 있어요. 다른 동네도 돌아다녀 봤는데 썩 맘에
드는 곳이 없더라고요. 이 자리에 원래 슈퍼가 있었대요.
'김씨네과일'이라는 이름이 이어받기에 알맞다고
생각했어요. 자리가 저렴하기도 했고요.

오늘은 머리색이랑도 잘 어울리는 용과 티셔츠를
입고 오셨네요(웃음). 티셔츠를 만들기 시작한 시절부터
들어봐야겠어요.

얼마 전에 염색했는데 사실 의도한 머리는 이게
아니거든요…. 핑크색으로 처음 물들여 본 거라 많이
어색한데 용과와 색을 맞춰봤어요. 저는 대학생 때부터
취미로 티셔츠를 만들었어요. 처음에는 텍스트만 넣다가
다음에는 사진만 넣어보고, 이후에는 텍스트와 사진을
함께 넣어봤죠. 별다른 기술 대신 포토샵으로 조금씩 했던
거예요. 그렇다 보니 팔기 위해서가 아니라 입기 위해
만들었는데, 인스타그램에 업로드하니까 다른 사람들
눈에도 띄었나 봐요. 한두 명씩 사고 싶다는 사람들이
나타나더라고요.

공급보다 수요가 먼저 나타난 옷이었네요. 입대한
후에도 만들었다고요.

맞아요. 일과가 끝나면 남는 시간이 틈틈이 있거든요.
청소 전이나 저녁 점호 마친 후에 주어지는 자유 시간에는
컴퓨터를 쓸 수 있어서 내내 했어요. 작업물을 제작 업체로
넘기면 휴가 나와서 직접 보고요. 실물로 보고 만질 때의
감동이 또 달라요. 맞지 않는 군대 생활에서 유일한 해소
방법이었죠. 전역 후에는 본격적으로 브랜드를 준비하기
시작했어요.

주변 친구들은 대부분 취업을 위해 달릴 때인데 브랜드
창업, 그마저도 옷을 다룬다는 게 걱정되진 않았어요?

엄청나게 겁이 난 상태였죠(웃음). 회사에 들어가면
안정적으로 월급이 나오고, 규칙을 잘 따르면 보장받는
생활을 할 수 있잖아요. 홀로 선다는 건 규칙도 보장도

없는 거고요. 그런데 짧게나마 취업 준비를 하면서 든
생각이, 하고 싶지 않은 일에 이만큼 노력을 쏟아도
떨어진다면 차라리 내가 좋아하는 일에 더 많은 에너지를
투자하고 싶었어요. 오기가 결심으로 변한 거죠.

옷 중에서도 티셔츠인 이유가 궁금해져요. 티셔츠를 왜
좋아해요?

티셔츠는 입기도, 만들기도 쉬운 옷이라고 생각해요.
누구에게나 다가가기 쉬운 소재이기 때문에 인생에서
질리지가 않죠. 또 그 위에 무엇이든 펼쳐놔도 옷이라는
기능을 잃지 않으니까 창작욕을 해소할 수 있으면서, 나를
나답게 만드는 표현 창구가 되어줘요. 어떤 메시지가 있는
티셔츠를 입느냐에 따라 사람들에게 내가 무얼 좋아하는지
보여줄 수 있잖아요.

옷장에도 티셔츠가 많은가요? 작년에 출간한 책
《김씨네과일》에서는 패션에 그다지 관심이 없다고
써 두었더라고요.

요즘에는 관심이 좀 생겼어요(웃음). 티셔츠는 일 년 동안
매일 갈아입어도 될 만큼 많고 청바지도 옷장에 가득해요.
청바지는 처음엔 작업복으로 만들었는데 적당히
캐주얼하면서도 포멀한 느낌을 줘서 즐겨 찾게 돼요.
직접 만든 티셔츠와 청바지, 거기다 목걸이를 주로 하죠.
이외에는 힙합 아티스트가 입는 것처럼 통이 넓은 옷을
좋아하고요. 저는 옷에 대해서 마이너한 사람으로 보이고
싶지 않아서 명품 브랜드도 좋아해요. 많은 이들이 알고
있고 갖고 싶은 브랜드니까 비싼 돈을 지불하면서 사는
거잖아요. 김씨네과일도 대중에게 일차원적이기보다는
설득력 있는 브랜드로 다가가길 바라요. 예전에
누군가가 댓글로 "너무 매력적인데 입기에는 좀… 잠옷
아닌가?"라고 남긴 적 있어요. 그걸 본 이후로 매일 제가
입은 사진을 올려요. 일종의 가이드라인, 모범 답안을
제시해서 보는 이들에게 김씨네과일이 안전한 영역임을
알려주는 거죠. 우리의 티셔츠를 일상에서 받아들일 수
있도록요.

그럼 김씨네과일의 대표작들을 소개해 줄래요?

스테디셀러로는 단연 '과일티'를 꼽아요. 지금 입고 있는
용과를 비롯해 토마토, 사과, 복숭아, 레몬, 키위, 체리처럼
맛있게 생긴 과일이 그려져 있죠. 두리안이나 아보카도,
가지 등도 있었고요. 이외에는 '요일티'(일주일을 행복하게
보내자는 마음으로 만든 일곱 개의 티셔츠로 "월요일 좋아",
"수요일 끝내줘", "금요일 날아갈 것만 같아" 등이 한글과 영어로
적혀 있다.)나 국내외 도시 이름이 적힌 '새끼티'도 꾸준하게
사랑받고 있어요.

프린팅을 보면 '피식' 웃음이 나오는데요. 어디서 아이디어를 얻는 걸까 궁금했어요.
우선 아이디어의 방향을 하나 떠올려요. 예를 들어, 일주일이나 지역이라는 소재로 티셔츠를 만들고 싶다는 방향이요. 그 고민을 머릿속에 넣어둔 채로 계속 곱씹어 보는 거죠. 운동을 하거나 길을 걷거나 밥을 먹다가도 생각을 굴리다 보면 명확한 답이 떠오르더라고요. 거창하게 기획 회의를 열어서 몇 시간 내내 논의하는 건 저한테 그다지 좋은 방법이 아니에요.

빨간 바구니에 넣어둔 옷들, 종이 상자를 뜯어 매직으로 적은 가격표, 옷을 담아주는 검은 비닐까지…. 티셔츠의 판매 전략도 꽤나 파격적이었는데요(웃음). 어떻게

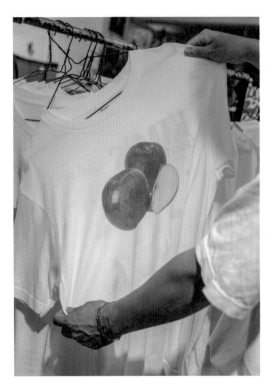

기획하게 됐어요?
재미있게 팔고 싶은데 뭐가 좋을까 고민하다가, 시장에 가면 과일을 보통 플라스틱 바구니에 담아두고 파는 게 떠오르더라고요. 제가 '김씨네과일' 가게 사장이니까요. 상상한 대로 바구니를 구해서 티셔츠를 올려두는 순간, 완벽한 귀여움을 느꼈죠. 그래서 비닐봉지와 가격표를 준비해서 구색도 맞춘 거예요. 처음에는 명확한 판매처가 없을 때니까 다마스를 타고 이리저리 옮겨 다니며 팝업을 연 건데, 입소문을 타면서 많은 분들이 찾아주셨어요. 좋아하는 걸 직관적으로 따르다 보니까 생긴 감사한 일이죠.

이런 꽉 찬 세계관이 보는 이에게 재미를 불러일으킨다고 생각해요. 그럼, 김씨네과일 티셔츠의 매력을 딱 세 가지로 정리해 볼까요?
(잠시 고민한다.) 가장 먼저 떠오르는 건 '공감'이에요. 저는 쉽고 직관적인 표현을 좋아해요. 예술 작품을 봐도 기하학적인 건 질색하거든요(웃음). 무언가에 통달하거나 이론을 알아야 해석할 수 있는 게 아니라 전 세계 사람 누가 봐도 공감을 얻을 수 있는 게 좋은 표현이라고 생각해요. 메시지를 냄새로 풍기기보다 구체적으로 말하는 거죠. 둘째는 '전달력'인데요. 메시지를 효과적으로 보여주기 위한 수단을 선택해요. 더 나아가서 당연하다고 여겨지는 것들을 한 번 더 바꿔서 전하려고 하고요. 마지막으로는… 역시 '재미'가 아닐까 싶네요. 재미가 있어야 사람들이 모일 테고 그 자리에서 각자만의 이야기가 탄생하고 순환될 거예요. 충분히 재미있을 만한 이야깃거리를 만들어주려고 노력하죠. 얼추 정리하긴 했지만, 사실 김씨네과일의 매력은 세 가지 이상이에요.

책에서 한 부분이 떠올라요. "나만의 즐거움은 그저 내 안에 생겼다 사라지는 존재감 없는 바람 같다. 다른 사람이 즐거울 수 있는 걸 만들어야 비로소 그게 나에게도 의미 있는 즐거움인 것 같다."라고 하셨죠.
무언가 좋아하는 마음을 혼자서만 안고 있기에는 좀 아쉬워요. 누군가와 공유하면서 더 커질 수도 있잖아요. 그런데 한편으로는 이런 생각이 양날의 검처럼 느껴져요. 상대방에게 과하게 초점이 맞춰져 있으면 나만의 정체성이 흔들리기 쉽거든요. 내 즐거움이 다른 것보다 후순위로 밀려나지 않도록 균형이 가장 중요한 것 같아요. 검이 양날인 데는 다 이유가 있을 테니까 이런 생각을 잘 다뤄보려고요.

브랜드가 성장하면서 겪는 상황과도 연결되나요?
그럴 거예요. 올해 초에 좋은 소재와 많은 시간, 비용을 투자해서 '입춘 컬렉션'을 발표했어요. 티셔츠 이외에도 새로운 모습을 보여드리고 싶었거든요. 그런데 5분 만에 뚝딱 디자인한 요일티보다도 수익이 나지 않더라고요. 아마 경험이 부족해서 저도 모르게 힘이 많이 들어간 탓일 거예요. 운동할 때도 무의식중에 쓰면 안 되는 근육에 힘이 들어가곤 하잖아요. 처음엔 좌절했지만 해보지 않았다면 몰랐을 테고, 더 나아가면 배움이 되었다고 생각해요. 분명히 느낀 건 사람은 자기가 좋아하는 걸 해야 한다는 거예요. 실패해도 추억이 되거든요. 남이 좋아할 것 같은 일 또는 해야 할 것처럼 보이는 일을 하다 실패하면 낭패가 되고 원망이 되어버리잖아요. 내가 좋아하는 걸 해야 실패를 받아들일 수 있더라고요.

(웃음) 내향적인 도영 씨가 만드는 티셔츠로 사람들이 모이고 이야깃거리가 생겨나고 있죠?
가족이나 친구들과 함께 입기도 하고, 세대나 성별에 크게 상관없이 즐기세요. 제가 생활 정보 프로그램 같은 데도 출연했어서, 젊은이들보다 부모님 세대가 먼저 알고 계신 경우도 있고요. 언제나 감사하죠. 김씨네과일을 좋아하는 손님들끼리 친해지거나 동료가 되기도 하고, 그 친구들까지 한데 모여 가깝게 지내는 데요. 우리는 패션을 팔지만 크게 보면 문화를 다룬다고 생각해요.

마음에 드는 옷을 입는 것에는 어떤 의미가 있을까요?
어떤 취향을 가진 사람인지 보여준다고 생각해요. 포토숍에서 이미지 다룰 때를 떠올려 보면 레이어가 있잖아요. 레이어가 쌓이면 쌓일수록 입체적으로 보이고 완성도가 높아지죠. 나다운 모습들을 각각의 레이어에 담아 두면, 합쳤을 때 무얼 좋아하는지 그리고 어떻게 삶을 사는지가 보일 것 같아요.

이후로 김씨네과일, 김도영이라는 사람의 걸음도 기대돼요.
요즘에는 내가 좋아하는 걸 다시 한번 되돌아보는 시간이 필요하다는 걸 느끼고 있어요. 이 중에서도 좀더 하고 싶은 일을 추려내 보고 싶거든요. 진득하게 자기 일을 파는 멋있는 사람으로 살래요.

누군가에게는 단순하고 쉽게만 나아가는 것처럼 보여도, 치열한 고민이 성장의 토대가 된 것 같아요.
일상에서 혼자 생각과 고민을 많이 해요. 비록 지금 머리 색깔은 화려하지만… 저는 조용하고 내향적인 사람이에요(웃음).

스스로 옷을 지어 입는 사람을 만났다. 레이스 무늬가 가득한 조끼를 입고 환히 나를 맞는 사람. 그 옷을 피어싱과 펑퍼짐한 바지에 어울리게 입은 사람. 뜨개 콘텐츠 크리에이터 '히요정'이다. 인터뷰가 무척이나 긴장된다며 말문을 열었지만 이야기를 나눌수록 뜨개를 향한 애정만 가득하다. 히요정의 편물은 사랑과 노력을 먹고 오늘도 조금씩 자라난다.

사랑을 엮어 입는 사람　　히요정—콘텐츠 크리에이터

에디터 **차의진**
포토그래퍼 **박은비** 장소 제공 **타래상점**

만나서 반가워요. 자기소개부터 해볼까요?

안녕하세요. 히요정이라는 이름으로 뜨개 영상을 만들고 있어요. 도안과 실을 골라 옷을 뜨고 코디하는 과정을 보여드리고 있답니다. 유튜브는 그저 도전하는 마음으로 작년부터 시작했어요. 평소 실행력이 약하다는 생각에 작년은 뭐든 저질러보는 해로 삼았거든요. 당시 진로를 고민하는 중이기도 했는데요. 재미와 가치를 느끼는 일을 하자는 결론을 내렸고, 제게는 그 일이 뜨개라는 걸 깨달았어요. 주변 사람들이 유튜브를 해보라고 권유도 해서 용기를 갖고 시작하게 됐죠.

영상을 좋아해 주는 분들이 짧은 기간 동안 크게 늘었는데, 어땠어요?

유튜브를 시작한 지 1년 정도 되었는데 지금 구독자가 5만 명이에요. 처음에는 1년 동안 천 명만 구독해도 소원이 없겠다 싶었는데요. 예상치 못하게 많은 분이 좋아해 주셔서 감사해요.

영상 자막으로 일상을 이렇게 표현하기도 했죠. "뜨개 함 (앉아 있음), 뜨개 안 함 (누워 있음)." 히요정의 하루가 궁금해요.

자막과 크게 다르지 않은 일상을 보내요. 올해 들어 '앉아 있음'의 비율이 크게 늘었지만요(웃음). 작년까지는 학교에 다니느라 바빠 영상 업로드 주기가 길었는데, 올해부터는 2주에 한 편 제작을 목표로 하고 있거든요. 눈 떠서 자기 전까지 하루 열 시간 정도 뜨개를 하는데, 중간중간 편집도 하고 새로운 콘텐츠도 고민하면서 알차게 살고 있어요.

그렇게 오래 작업한다니… 대단해요. 잠깐 외출할 때는 뜨개 관련 물품을 종종 사러 가던데요(웃음)? 잠시 후에도 근사한 뜨개실 가게를 같이 가보기로 했죠.

네. 타래상점은 몇 번 방문해 본 곳인데요. 주로 수입 실을 취급해요. 흔하지 않은 실을 만날 수 있고 공간도 예뻐서 제가 좋아하는 곳이랍니다.

뜨개는 어떻게 시작한 거예요?

어릴 때부터 손재주가 좋아 공예에 관심이 많았지만, 뜨개는 어려워서 로망으로만 남아 있었어요. 그러다 중학교 겨울 방학 때 영상 하나를 따라 처음으로 목도리를 떠봤어요. 그렇게 매년 겨울이 돌아올 때마다 목도리를 만들다가 고등학교 입학하고는 손을 놨죠. 본격적으로 다시 시작한 건 코로나가 한창일 때예요. 동생이 코바늘로 무언가를 열심히 만드는데, 잊고 있던 만들기에 대한 욕망이 올라오더라고요(웃음). 동생한테 배워서 반년 동안은 가방만 열심히 떴죠.

오늘 메고 온 가방도 직접 만든 거죠? 가장 좋아하는 작품 중 하나라고요.

네. 뜨개 키트 브랜드 '마이 리틀 피스'의 러플 스트링 백팩이에요. 러플이 은근한 포인트라 옷이 심심할 때 이 가방을 메면 분위기가 살아나요. 이것저것 잘 들어가기도 해서 자주 들고 다니고요. 원래 도안은 끈까지 뜨게 되어 있지만 저는 통통한 끈을 달았어요.

잘 어울려요. 그런데 가방보다는 옷을 주로 만들죠?

맞아요. 가방을 너무 많이 떠서 뭘 만들어도 만족하지 못하던 무렵에 우연히 뜨개 작가 '수민' 님의 '마들렌 자켓'을 보고 반했어요. 작품을 소장할 방법이 직접 만드는 것뿐이라 도안대로 따라 했는데, 해보니까 또 되더라고요(웃음). '이게 된다고? 내가 옷을 만들 수 있네?' 싶었죠. 성취감이 정말 컸어요. 그 후로 다양한 의류를 만들어온 거예요.

그렇게 만든 작품이 몇 벌이나 될까요?

소품까지 세면 너무 많고, 의류만 스물여섯 벌이에요. 스웨터, 조끼, 가디건부터 지난겨울 유행하던 코위찬(캐나다 원주민으로부터 유래된 스웨터. 사슴, 단풍 등을 기하학적 패턴으로 수놓은 것이 특징)도 떴어요. 뜨개인 사이에서는 '무한 메리야스 뜨기'라고 부르는 과정이 있는데요, 대바늘의 가장 기본적인 뜨개 방법으로 민무늬 편물을 만드는 걸 말해요. 저는 그걸 지루해하는 편이라 무늬를 계속 바꿔 뜰 수 있는 옷이나 여러 색이 섞인 편물을 좋아하죠.

이야기를 나눌수록 손으로 의류를 만드는 일이 신기하게 느껴지는데요. 옷 한 벌을 짓는 과정은 어떻게 흘러가는지 궁금해요.

도안마다 다르지만 위에서 아래로, 아래에서 위로 뜨는 방법이 있어요. 조각조각 떠서 잇기도 하고, 어떤 옷은 소매부터 뜨기도 하죠. 가장 중요한 건 '게이지 Gauge'인데요. 게이지는 편물 가로세로 10센티미터 안에 들어가는 단수와 콧수를 말해요. 만약 도안에서는 가로 게이지가 10코인데, 내가 만든 편물은 20코가 들어간다면 도안보다 더 촘촘히 짜여졌으니 결과물이 의도한 것보다 작게 나오겠죠? 작은 오차 때문에 옷이 커지거나 작아질 수 있어서 게이지를 맞추는 게 가장 중요해요.

영상에서 완성된 작품을 평소에 입는 의류와 매치해 보여주기도 하잖아요. 히요정만의 스타일링을 구경하는 것도 재밌었어요.

코디 장면을 넣은 이유는 저 같은 사람도 뜨개옷이 잘 어울린다는 걸 보여주고 싶어서예요. 1~2년 전만 해도 뜨개인 중 제 또래인 이십 대가 많지 않아서, 흔히 접하는 뜨개 작품의 분위기와 제가 소장한 옷들의 간극이 정말 컸어요. 저는 피어싱도 많고 벙벙한 바지를 좋아하는 사람인데, 뜨개옷은 대체로 동화적이고 우아한 느낌이 나잖아요. 그러니 뜨개가 좋아서 정성과 노력을 다해 옷을 만들어도 손이 가지 않더라고요. 그때부터 도안을 내가 좋아하는 핏, 패턴으로 변형하기 시작했어요. 옷에 나를 맞추기보다 내가 잘 소화할 만한 옷을 만들기 시작한 거죠. 영상에서는 한 작품을 다른 식으로도 입을 수 있고, 이런 스타일도 있다는 걸 보여주려고 해요.

옷을 짓는다는 게 쉬운 일은 아닐 텐데요. 어떤 마음으로 편물을 뜨나요?
뜨개는 감정과 에너지를 소모하는 일이에요. 겉보기에는 정적이지만, 편물과 싸움을 할 때가 많거든요. 오류를 복구하다 보면 시간이 훌쩍 흘러요. 저는 뜨개에 몰입하면서 감정과 에너지를 긍정적인 방향으로 발휘해요. 매일 가만히 있기보다 체력을 써야 건강하듯이, 감정을 건강하게 소모하지 않으면 쓸데없는 걱정이 생기더라고요.

문득 뜨개를 좋아하는 이유도 궁금해졌어요.
뜨개는 정직해요. 내가 시간을 쓴 만큼 편물이 자라거든요. 저는 이 세상에서 노력과 결과가 반드시 비례하지 않는다고 생각하는데, 뜨개는 예외예요. 누군가는 한 코씩 떠서 언제 옷을 짓나 싶겠지만, 오히려 그 점이 위안이 되죠. 또 노력을 만질 수 있다는 점도 좋아요. 원래 노력은 눈에 보이지 않는 개념이지만 편물은 노력을 엮어서 만든, 손에 닿는 결과물이잖아요.

그 시선으로 바라보니 뜨개가 더 특별해 보여요.
더 기분 좋은 점은 성취감이에요. 아무것도 아니었던 실 뭉텅이로 입을 수 있는 옷을 만들었다는 사실이 엄청난 자기 효능감을 줘요. 사실 제가 휴대폰에 몇 개 더 써 왔는데… 잠시만요(웃으며 메모장을 연다).

(웃음) 얼마든지 더 이야기해 주세요.
나눠주는 즐거움도 배웠어요. 소품이나 가방을 만들어서 선물하는 일이 그렇게 즐거울 수가 없어요. 그리고 일상에서 쓸 수 있는 물건을 만드는 취미가 많지 않은데, 이건 실생활에서 사용할 수 있다는 점도 좋아요. 마지막 장점은 콘텐츠가 끊이지 않는다! 뜨개는 역사가 깊어서 제가 죽을 때까지 뜨개 콘텐츠의 5퍼센트는 즐길 수 있을까 싶을 정도로 전 세계에 뜨개인이 많아요.

무언가에 진심인 모습이 좋아 보이네요.

즐겁지만 사실 괴로움도 있어요. 직접 영상을 제작해 보니
책임감도 생기고 잘하고 싶은 마음에 힘들 때가 있죠.
20분이 넘는 영상을 지루하지 않게 구성하다 보면 많은
고민이 필요하거든요. 하지만 이 일이 너무 좋고 재밌어서
괴로움도 견뎌져요. 어떤 느낌인지 아세요? 성취감 때문에
어려움을 기꺼이 감내하는 거요. 영상 하나하나가 자식
같아요.

**저는 책 만드는 일이 그러해요(웃음). 이 질문을
해볼게요. 히요정에게 뜨개란?**

내일을 기대하게 만드는 존재요. 그동안은 다가올 날이
두렵기도 했어요. 나는 나를 책임질 준비가 되지 않았는데,
미래가 오면 어른이 되어야 하잖아요. 학교라는 울타리를
벗어나 당당한 사회 구성원이 될 자신이 없어서 대학 시절
내내 무력감이 컸어요. 그런데 이 취미를 시작하고서는
'내일은 일어나자마자 옷 앞판을 떠야지.', '모레는
실을 사야지.' 하면서 다가올 하루하루에 기대감이
생기더라고요.

그럼 다음으로… 히요정에게 옷이란?

이 질문에 멋있는 답변을 하고 싶었어요(웃음). 옷은 나를
대신 설명하는 존재 같아요. 지금 입은 티셔츠, 신발,
목걸이 모두 스스로 골랐잖아요. 수많은 선택지 중 굳이
그 아이템을 고른 이유가 분명 있을 거예요. 색이나 소재가
마음에 들어서, 브랜드와 자신의 가치관이 맞아서 골랐을
수도 있죠. 결국 아이템 하나하나가 내가 뭘 좋아하는지,
나는 어떤 사람인지를 말해주는 거예요.

**마지막으로 뜨개로 의류를 제작하고 싶은 사람은
무엇부터 시작해 보면 좋을지도 알려 주세요.**

구독자분들에게도 그 질문 정말 많이 받는데요. 저는 일단
시작해 보라고 이야기해요. 뜨고 싶은 작품을 고르고
모르는 건 유튜브 영상을 찾아보며 뜨는 거예요. 제가
그렇게 했거든요. 뜨개는 호흡이 길기 때문에 완성하고자
하는 목적과 마음이 뚜렷해야 해요. 그래서 초보더라도,
처음이더라도 뜨고 싶은 걸 뜨면 좋겠어요.

모자는 부스스한 머리를 가릴 때 자주 손이 간다고 여겼다. 그러나 이승영, 이동관에게 모자 없는 하루는 신발 없는
외출이란다. 수북한 더미에 손을 뻗어 하나 툭 걸치고, 집을 나서는 두 남자. 그들은 땀과 햇빛이 흔적을 남기고, 살짝
구부러진 챙이 지난 세월을 말해주는 순간을 귀하게 여긴다. 조금 흐트러진 매무새를 가다듬고 문을 열면 펼쳐지는 유쾌한
공간. 이곳은 빈티지 모자를 선보이는 편집숍, '마스컴퍼니Mascompany'다.

이왕이면 오래된 것

이승영·이동관—마스컴퍼니

에디터 차의진
포토그래퍼 박은비

오늘 두 분 모두 모자를 썼네요. 모자와 함께 자기소개를 해볼까요?

승영 안녕하세요. 이승영이라고 합니다. 제가 쓴 모자는 패션 브랜드 '모스키노'의 제품이고, 챙은 구겨진 데다 얼룩도 있어요. 이렇게 세월의 흔적이 느껴지는 상품을 좋아하는데, 여기에는 귀여운 자수까지 박혀 있어서 예전부터 써왔네요.

동관 저는 이동관입니다. 형님과 같이 마스컴퍼니를 운영한 지는 3년 반 정도 됐어요. 오늘은 저희가 여름을 맞아 제작한 상품을 썼어요. 여기 "I love my beer belly(나는 내 술배를 사랑해.)"라고 적혀 있는데요. 날씨가 더워지면 옷이 가벼워져서 살을 걱정하게 되지만, 자신을 사랑하라는 메시지를 담았어요. 이따 한번 써보실래요?

좋아요! 먼저 마스컴퍼니라는 이름의 뜻부터 들어보고 싶어요.

동관 마스컴퍼니의 마스Mas는 'Mom and Son(엄마와 아들)'의 앞 글자를 딴 거예요. 엄마와 아들, 즉 '모자 관계'처럼 모자는 우리와 떼려야 뗄 수 없는 사이라는 의미죠.

재밌는 이름이에요. 마스컴퍼니는 일반적인 빈티지숍과 달리 모자만을 취급하죠. 수많은 상품 중에서 어떤 것을 빈티지라고 부르는지 궁금했어요.

동관 명확하게 정의할 수는 없지만, 우리가 판매용 제품을 선별하는 기준으로 설명해 볼게요. 저희는 오래된 흔적이 있거나, 희소한 물품을 소개하려고 해요. 엄마, 아빠가 옷장에서 몇십 년 전에 쓰던 걸 꺼내 먼지만 툭 털어낸 듯한 느낌이 나거나, 나만 가지고 있을 것 같은 물건이요.

승영 저는 인터뷰를 준비하면서 빈티지의 사전적 정의를 찾아봤어요. "낡고 오래된 것", "오래되었지만 멋지고 가치 있는 것"이라고 하더라고요. 사실 멋지고 가치 있다는 건 주관적이지만, 빈티지는 주관성을 담은 말이라고 생각해요. 무조건 오래되었다고 해서 빈티지라고 부를 수 없고, 사용자가 매력을 느껴야만 하죠.

세월이 담겼지만 쉽게 구할 수 없고, 내 취향이 담긴 것. 이렇게 정리해 볼 수 있겠네요?

승영 그렇죠. 한 단어로 이야기한다면 '희소가치'일 거예요. 제가 지금 쓰고 있는 것도 똑같은 걸 본 적이 없어요. 몇백만 원이 있어도 구할 수 없죠.

두 분은 1년에 360일 모자를 착용할 정도로 마니아라고요. 좋아하게 된 계기가 있어요?

동관 20대 초반, 호주로 워킹홀리데이를 갔을 때 현지 스케이터들과 친해졌어요. 그 친구들은 빈티지숍을 자주 드나들면서 얼룩이 있는 모자도 쿨하게 쓰더라고요. 그 모습에 매력을 느꼈죠. 그 후로 여러 상품을 시도해 보고, 빈티지 의류 회사에서 일하면서 저한테 맞는 스타일을 찾게 됐어요.

승영 씨는요?

승영 저는 패션을 좋아해 왔지만 처음부터 다양한 모자를 시도한 건 아니었어요. 마스컴퍼니를 시작하고 모자의 매력에 좀더 빠졌다고 할 수 있죠. 다양한 스타일을 시도하면서 저한테 맞는 물건을 찾아가는 재미가 일의 원동력이 돼요.

집에는 모자가 가지런히 정리되어 있을 것만 같아요. 소장 중인 모자의 수를 세어본 적이 있나요?

동관 사실 정리보다는 그냥 투박하게 쌓아두는 편이에요. 모자는 40-50개 정도 갖고 있지만, 자주 쓰는 건 그리 많지 않아요. 서너 개 정도? 그것도 한 가지만 오래 쓰다가 마음이 바뀌면 다른 걸 써보는 식이에요.

승영 절대적인 양은 이제 중요하지 않더라고요. 많은 상품을 접하다 보니 모자를 고르는 기준이 까다로워져서 손이 자주 가는 제품만 곁에 남게 되거든요.

수북한 모자 중 그날 착용할 단 하나를 고심해 고르는 모습을 상상했는데, 실제는 달랐네요.

승영 마음에 드는 물건이 가게에 들어올 때마다 우리가 소장할 수는 없으니까요. 빈티지 모자는 단 하나씩만 입고되니 저희가 가져가면 손님들의 선택지가 줄어들거든요.

동관 솔직히 욕심 많이 나요(웃음). 확실한 건 많을수록 좋다는 거예요. 다채롭게 스타일링을 할 수 있거든요. 이제는 신발처럼 모자를 써야만 밖에 나갈 수 있을 것 같은 기분도 들어요.

승영 모자가 마음에 들지 않으면 집을 나서기가 조금 힘들 때도 있어요. 그래서 차에 여분을 두기도 하죠. 혹시나 다른 걸 쓰고 싶을 때를 위해서요.

동관 저도요. 저는 외출해서 모자를 세 번이나 바꾼 날도 있어요.

모자에 진심인 삶은 이런 모습이군요(웃음). 가장 좋아하는 제품도 궁금해지는데요.

동관 담배 브랜드 '말보로'의 검정 모자예요. 1990년대에 나왔고, 담배를 일정량 이상 구매할 경우에 주는 증정품으로 나온 제품이죠. 어떤 옷과도 잘 어울려서 한 달에 20일 이상 착용해요.

승영 펩시콜라와 폴로의 배색 모자(둘 이상의 색을 조합한 것)요. 이것도 90년대에 나왔어요. 나이키 스우시 로고 아래 'Soccer'라고 적힌 상품도 좋아해요. 제가 또 축구를 좋아하거든요.

동관 아까 언급한 말보로의 제품이나, 영화 홍보 차 만든 굿즈처럼 원래 의류를 제작하지 않는 브랜드에서 출시한 것들이 멋지게 느껴져요.

승영 그런 브랜드들은 역사가 깊잖아요. 또 브랜드 대표 색이 디자인에 어떻게 활용됐는지, 착용감은 어떤지 살펴보는 것도 재밌고요.

취향이 또렷한 두 분이라 싫어하는 모자 유형이 있는지도 물어보고 싶어요.

동관 딱히 없지만, 사람들이 머리를 감지 않거나 화장하지 않았을 때만 모자를 쓰는 게 아쉬워요. 충분히 패션으로 소화할 수 있는데 말이죠.

제가 그런 사람이라 모자에게 미안한 마음이 드는데요…. 평소 모자를 소화하기 어려워하는 사람들에게 줄 수 있는 팁도 있을까요?

동관 모자가 안 어울린다고 생각하는 이유는 거울 속 자신이 어색해서예요. 그동안 나와는 거리가 멀던 색깔, 소재를 착용하면 어색할 수밖에 없어요. 새로운 모습에 익숙해지는 게 제일 중요해요.

승영 누군가가 내 모습을 특이하게 여긴다 해도 스스로 "나 좀 괜찮네. 멋있네?", "난 이런 것도 쓸 수 있어."라고 주문을 외우면 돼요. 패션이라는 게 사실 정해진 답은 없거든요. 억지스럽지 않게 선택의 폭을 늘려간다면 모자를 소화하기는 어렵지 않을 거예요.

패션을 좋아하는 사람들은 같은 취향을 공유하는 이들과 교류하곤 하죠. 모자에 대한 관심은 어떻게 확장하고 있어요?

승영 스타일리스트로 일했던 경험 때문인지 전에는 국내 아티스트들을 참고하곤 했어요. 요즘은 그들에게 영향을 받지 않으려고 하지만요. 그 사람들과 키, 몸무게, 얼굴이 다르니까 제가 직접 이것저것 시도해 보는 편이에요.

동관 저는 서브컬처 문화에서 영감을 많이 받아요. 서퍼, 바이커, 스케이터가 어떻게 자신을 꾸미는지 유심히 보고 제 방식대로 바꿔서 모자를 착용해 보죠.

조금 추상적인 질문이지만 두 분에게 의류는 어떤 존재인가요?

승영 옷은 놀이예요. 자신을 탐구하는 재밌는 도구가 되니까요. 그래서 지금은 이것저것 사서 입어보지만

언젠가는 옷 한 벌과 모자 하나로만 살아보고 싶기도 해요. '공수래공수거空手來空手去'라고 하죠. 빈손으로 왔다가 빈손으로 가는 인생이잖아요.

동관 옷은 내가 어떤 사람인지를 보여주는 수단이에요. 지금 제 상의에 그려진 미키마우스처럼 유머러스한 캐릭터를 좋아하는데, 또 그런 요소가 유쾌한 제 성향을 닮았어요. 이렇게 귀여운 그림이 그려진 옷을 입으면 낯선 사람과의 벽이 허물어질 수도 있다는 장점도 있죠.

승영 이렇게 옷은 사람을 연결하는 매개이기도 해요. 예능이나 유튜브를 보면 유재석 씨가 꼭 게스트의 패션에 관해 이야기하면서 긴장을 풀더라고요. 그 점이 굉장히 인상적이었어요. 모두가 똑같은 옷을 입고 있다면 일어나지 않을 일인데 말이죠. 각자의 개성이 담긴 의류 때문에 우리 삶이 더 풍성해지는 것 같아요.

마스컴퍼니 이야기로 돌아와 볼게요. 얼마 전 백화점에서 팝업 행사를 열었죠? 의미 있는 시간이었겠어요.

동관 저희에겐 도전이었죠. 그곳에 방문하는 손님들과 우리가 결이 맞을지, 명품관 사이에서 어떻게 우리 제품을 매력적으로 보이게 할지 걱정이 많았거든요. 그런데 못할 건 없다고 생각했어요. 누군가는 우리 상품을 좋아해 줄 것 같다는 확신이 있었으니까요. 실제로 40-50대 손님들도 제법 신기하게 봐주시고 매출도 놀랄 정도로 높았어요. 우리의 가능성을 확인할 수 있는 계기가 됐죠.

자신감을 불어넣어 준 시간이었네요. 앞으로의 계획이 있다면요?

승영 단순한 빈티지숍이 아닌 브랜드로서 해외에 진출해 한국을 알리고 싶어요. 마스컴퍼니만의 모자를 꾸준히 제작하면서 다양한 빈티지 모자를 보여드릴 거예요. 계속 도전하고 성장하는 것. 그게 저희 계획입니다.

옷과 옷 이외의 것 사이에 경계가 사라진 세계를 상상해 보자. 아침에 눈을 뜨자마자 잠든 이의 온기가 남은 침대보를 걸치고 밖으로 나선다. 어떤 사람은 공을, 또 다른 사람은 꽉 묶어둔 쓰레기봉투를 옷으로 입는다. 점심으로 먹은 라비올리 파스타는 저녁 약속을 위한 드레스가 되고, 카펫을 입은 채 잠자리에 든다. 이 엉뚱하고도 기발한 상상은 베를린 거점 브랜드 '테리어카Theriaca'와 디자이너 아스카 하마다의 손에서 피어올랐다. 무엇이든 옷이 되는 그녀의 세상은 어떻게 탄생했을까.

글 이명주 자료 제공 Asuka Hamada, Nao Amino 사진 Katsumi Omori

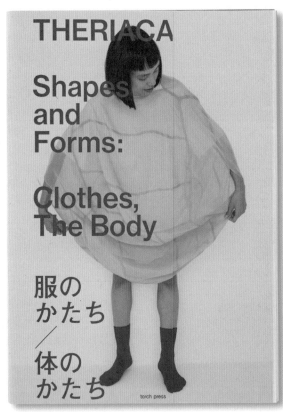

무엇이든 옷이 되는 세상

《THERIACA: Shapes and Forms: Clothes, The Body》

사람에게 맞지 않는 옷

아스카 하마다의 세상을 처음 발견한 건 성수동에 자리한 오래된 아트북 서점에서였다. 모양새가 무수히 다른 책들이 열을 맞춰 늘어선 와중에도, 빨간색 텍스트가 큼지막하게 쓰인 《THERIACA: Shapes and Forms: Clothes, The Body》가 가장 먼저 보였다. 글자처럼 새빨간 양말을 신은 모델이 몸을 구부린 채 원피스를 공처럼 붙잡은 표지도 손을 뻗었던 이유 중 하나. 책장을 넘겨 보니, 같은 사진 위로 '배구공Volleyball'이 적혀 있다. 또 다음 장을 넘겨볼까. 구멍이 숭숭 뚫린 원피스를 입은 사진 위로 '치즈Cheese'가, 가로와 세로가 직조되어 늘어진 회색 옷 위로는 '사다리Ladder'가 적혀 있다. 이어지는 챕터에서는 침대보라 부르는 한 장의 천으로 코트를 만들거나 애벌레, 열쇠 구멍, 플러스 기호 모양의 옷감이 누군가에게 입혀져 있다. 우리 주변에 손을 뻗으면 닿을 만한 것들이 그 책 안에선 전부 입고 벗을 수 있는 옷이 되었다.

이 책은 아스카 하마다가 2018년 일본 이와미 미술관에서 자신의 브랜드인 '테리어카'라는 이름으로 연 전시회의 도록이다. 이 전시는 사람에게 보편적으로 맞는 형태의 옷에는 존재하지 않는, 옷이 가진 기능성과 재미를 전달하기 위해 기획했다고. 사람이 입는 옷은 사람의 형상을 닮기 마련이다. 상의라면 몸통과 머리, 양팔이 들어가기 위한 구멍을 내고, 어깨선을 만든다. 또 바지와 치마는 허리와 다리 모양에 맞춰 옷감을 봉제한다. 그러나 단지 우리 몸을 감싸기 위해 만들어진 옷은 하마다의 흥미를 끌지 못한다. 오히려 구멍이 무척 많거나 아예 없는, 팔다리를 어디다 넣어야 할지 헷갈리는 여러 가지 모양의 옷을 입음으로써, 재미있는 부조화를 발견할 수 있다고. 몸에 맞지 않는 여분의 천은 자연스럽고 느슨한 주름을 만들고, 사람 움직임에 맞춰 볼륨감과 생기가 더해지기도 할 테니까.

집House

사람에 의해 완성되는 옷

한 권에 담긴 하마다의 작품은 세 챕터로 구분되어 있다. 작품을 기획할
당시에는 사물을 본떠 옷으로 표현하는 〈3D의 형태〉, 사각형에서
시작된 발상을 전개한 〈한 장의 큰 천〉, 다양한 도형을 입어 보는
〈기하학〉으로 구분했으나, 만든 이에게 필요한 개념일 뿐 보는 이의
이해를 돕는 명칭은 아니었다. 그래서 하마다는 작품이 완성되어
갈 즈음 3D의 형태라는 표현을 〈사물Objects〉로, 한 장의 큰 천을
〈침대보Bed Sheets〉로, 기하학을 〈모양들Shapes〉이라 불렀다고. 구체나
정사각형이라는 말보다 배구공이나 라비올리로 불리는 편이 어떤
옷일지 더 알고 싶지 않은가.

하마다는 아티스트로서 작품을 만들면서도 우리의 일상과 가까운
거리를 유지한다. 예술대학에 다닐 당시, 그는 고심 끝에 완성한
작품이 발표가 끝나면 단순한 물건으로 치부되는 상황을 괴로워했다.
시간과 마음을 들여 제작해도 자기 만족감 이상의 의미를 갖지 못했기
때문이다. 고민에 빠진 하마다를 끌어낸 건 '실용품'이었다. 실용적인
것에는 여러 사람을 모으는 힘이 존재했고, 만든 이의 생각을 넘어 쓰는
이를 통해 상상도 못 한 발전을 거듭할 수 있다. 옷을 착용하는 사람과
손에 든 사람, 이들의 모습을 보고 소통을 시도하는 사람까지, 하마다의
옷은 모두를 끌어안으며 존재 의미가 완성된다.

그의 옷을 즐기는 방법은 정해져 있지 않다. 원하는 자리에 팔을 뻗어 보고 폭이 작은 구멍에 안간힘을 쓰며 머리를 넣어도 좋다. 옷을 고르고 입는 데는 규칙이 없기 때문이다. 하마다는 언제나 테리어카의 옷이 겉모습이 아니라 마음에 작용하길 바란다. 그가 만든 세상에선 나다울 수 있는 자유로움과 새로운 시도를 거듭하는 용기를, 다름 아닌 옷이 선물해 주겠지. 밝은 표정과 유쾌한 걸음으로 그 세계를 거닐어 본다.

쿠션Cushion

사다리Ladder

H. Theriaca.org
H. Instagram.com/_theriaca_

©Katsumi Omori

책은
어떤 옷을 입었을까

아스카 하마다와 테리어카의 세계를 충분히 이해했다면, 《THERIACA: Shapes and Forms: Clothes, The Body》가 두른 옷도 들여다볼 차례. 한 권의 책에서 발견한 특별한 부분들을 한 손에 쥐어본다.

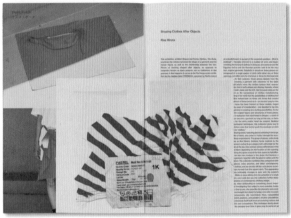

1.

세심함이 녹아든 구성

의류 제작과 상품을 홍보하는 보통의 책이라면 선택하기 어려울 표지, 텍스트 색깔과 크기를 골랐다. 테리어카가 만들어낸 작품은 무수한 줄글이나 이론보다는, 뾰족한 비주얼로 보여주는 것이 설득력이 높을 거라 판단했다고. 표지에 들어가는 요소를 통해 이어지는 내용에 대한 단서를 슬쩍 건네며 보는 이들의 호기심도 불러일으켰다. 또한 옷은 바닥에 놓인 상태와 사람이 입은 상태에서 전혀 다르게 보이기 때문에, 내지에는 실제 작품뿐 아니라 모델이 착용한 모습도 담아두었다. 작품 촬영 내내 다림질을 무척 많이 했다는 후문.

2.

삽지로 엿보는 작가의 머릿속

내지 두 곳에는 책 판형보다 작은 크기의 삽지가 다수
끼워져 있다. 어떠한 소제목도 없이 콜라주와 스케치,
스크랩이 이 페이지를 채우고 있는데, 바로 아스카
하마다의 아이디어 노트 중 일부다. 일상에서 문득 눈에
들어오는 문구나 광고지, 즐겨 보는 잡지에서 재미있다고
생각하는 부분을 오려 내어 노트에 기록했다고. 예쁜
지류를 발견하면 옷으로 만들어 붙여두기도 하는데,
작업과는 관련 없는 내용도 곧잘 쓰인다. 하마다는 이렇게
채운 노트들을 다시 며 작업에 대한 영감을 얻는다.

3.

세계관을 책으로 잇는 출판사

이 책은 일본에서 활동하는 '토치 프레스Torch Press'가
제작했다. 햇불, 지식이나 문화의 빛이라는 의미의
이름에는 작더라도 마음의 등불로서 선명하게
존재하겠다는 목표를 담았다. 사진집이나 작품집, 화가나
디자이너의 도록 등 아트북을 중심으로 제작하고 있는데,
아티스트의 세계를 책이라는 형태로 만들어 우리 일상에
예술이 뿌리내리길 바란다고. 토치 프레스의 대표 나오
아미노는 친구한테서 "재미있는 사람이 있다."며 하마다를
소개받아 작업하게 됐다고 한다.

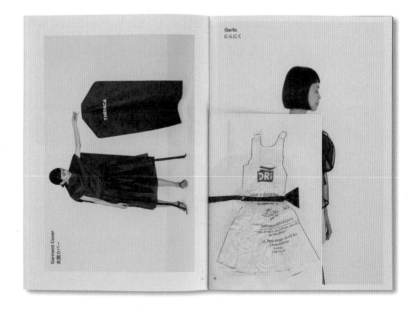

내가 되는 이 도시에서

에디터 차의진
자료 제공 해브해드

havehad
Proper City Life, City Wear

도시에는 다양한 삶의 방식이 존재한다. 소소하든 거창하든, 여유롭든 분주하든 '해브해드Havehad'는 편안하고
자연스럽게 살갗에 닿아 나의 하루를 응원한다. 해브해드와 함께하는 이 도시에서 우리는 어떤 모습으로 존재해도 된다.
그저 내가 되면 된다.

당신의 도시는 어떤 모습인가요?

도시都市. 낯익은 단어가 눈앞에 놓이자 익숙한 풍경이 떠오른다. 횡단보도를 건너는 무수한 사람들, 경적과 교통 체증, 만원 지하철. 빽빽한 빌딩 숲 사이, 조금은 지친 내가 보인다. 우리가 매일 살아가는 이 공간은 이토록 치열하고 딱딱하기만 한 공간일까.

해브해드는 고개를 내젓고 도시의 또 다른 장면으로 우리를 안내한다. 그들이 주목하는 건 바쁜 일상 뒤에 숨겨진 평범하고 안온한 일상. 이승환 대표는 해브해드가 정의하는 도시 생활은 그리 거창하지 않다고 말한다. "도시 생활이라고 하면 강변에서 자전거를 타거나, 맛있는 커피를 마시러 가거나, 작은 식물을 가꾸고, 동네 베이커리에 들러 빵을 사 오는 일상적인 모습이 먼저 떠올라요." 그렇지. 도시는 원래 그런 곳이었다. 늘 우리 곁에 머무르는 풍경이 낭만적인 순간을 빚어내고, 그 장면이 모여 삶을 이루는 공간.

"해브해드는 매일 반복되어 무채색으로 느껴질 수 있는 삶 속에서도 소소하지만 다양한 시도와 발견으로 반짝이는 순간이 공존하는, 그런 다채로운 매력을 가진 도시 생활을 표현하고자 해요." 그들의 시선으로 나를 둘러싼 공간을 바라보니 마음에 시원한 창을 낸 것만 같다.

해브해드는 "바른 도시 생활 복장Proper City Life, City Wear"을 콘셉트로 도시에 존재하는 다양한 생활 방식을 위한 의류를 만들어왔다. 도심 속 생활이라고 포멀한 정장만을 떠올리면 아쉽다. "우리는 규칙적인 일상과 그 속에 존재하는 일탈의 순간을 모두 아우르고 싶은, 조금은 욕심 많은 브랜드입니다." 이를 위해 디자인 원형은 모두 워크 웨어에서 차용했지만, 일상에 어울리도록 좀더 캐주얼함을 가미했다고. "낮에는 회사와 학교에서 격식을 갖추기에 충분하면서도, 퇴근이나 하교 후에는 친구들과 한강에서 자전거를 타며 활동적인 하루를 보내기에도 어색하지 않은 스타일을 추구하죠." 그들의 옷을 입고 나선 하루는 어떤 시공간에서도 자연스럽고 편안하다.

움직이게 만드는 옷

특별한 순간에만 빛이 나는 옷이 있다. 일상의 장면과는 조금 동떨어진 이미지거나, 긴장된 채로 종일 몸에 힘을 주어야 하는 그런 옷. 해브해드는 그와 전혀 다른 방향으로 걷는다. 쉽게 손이 가는 옷, 일상에서 작은 즐거움을 발견하고 누리게 하는 의류를 만든다. "우리의 옷을 입은 사람들이 '무언가를 하고 싶다는 바람'을 느끼길 바라요. 그 바람은 대단한 결심이 아닙니다. 예를 들어 퇴근 후 서점에 들르거나, 음악을 들으며 공원을 산책하는 것처럼 마음만 먹으면 쉽게 실천할 수 있는 일들이죠. 하지만 바쁜 일상에서 종종 잊기 쉬운 모습이기도 해요." 놓치기 쉬운 소중한 찰나를 건져 올리는 의류. 해브해드는 이 마법 같은 경험으로 우리를 가뿐히 데려다 놓는다.

첫 시작은 셔츠였다. "적당한 오버핏에 너무 뻣뻣하지 않은 원단으로 만들어 저희가 추구하는 생활 방식을 표현하기에 참으로 적합한 제품이었어요. 일할 때 착용하기도 무난하고, 다양한 야외 활동에도 가볍게 걸치기 좋죠." 셔츠와 더불어 많은 이의 사랑을 받는 아이템은 바로 '시티 워커 셋업'. 자연스럽게 몸을 감싸는 재킷과 바지가 퍽 단정하며, 부드러운 코튼 원단으로 제작돼 일상에 편안하게 녹아든다. 매달 선보이는 룩북도 옷을 향한 이들의 마음을 닮았다. 정돈된 스튜디오에서 제품이 주인공이 되는 사진은 지양하고, 도심 속에서 해브해드를 착용한 이들의 모습을 꾸밈없이 포착한다. 익숙하지만 시선을 끄는 장면들을 보며 나 또한 그와 같은 삶을 이미 보내고 있노라고 생각하면, 우리는 어느새 영화 한 편의 주인공이 된다.

해브해드가 제안하는
네 가지 하루

도시에 존재하는 다양한 순간을 위한 룩을 제안하는 해브해드. 브랜드를
만들어가는 이들은 어떤 차림으로 하루를 보낼까? 해브해드 구성원이
도시 생활과 관련한 키워드를 하나씩 꼽아, 어울리는 코디를 소개한다.

1. 주말 카페 나들이
구윤모 / 크리에이티브 디렉터

2. 일터에서 보내는 오후
최주영 / 포토그래퍼

대학생 때부터 이어져 온 유일한 루틴이라고 한다면,
주말에 작업하기 좋은 쾌적한 카페로 가서 노트북을
펼치고 개인 작업을 하는 일입니다. 특히 여름날 카페는
더위를 많이 타는 저에게 최고의 주말 피서지가 되곤 해요.
차림새에 크게 신경 쓸 필요가 없는 주말이어도. 가벼운
티셔츠 한 장보다는 좀더 차려입은 듯한 반팔 셔츠를
선호하죠. 해브해드의 '썸머 이지 워크 셔츠'는 유용한
주머니와 로고 자수가 개성을 더해주어, 셔츠를 교복처럼
입는 저에게 여름 최고의 데일리 아이템이 되어줍니다.

촬영하기에 편하면서도 깔끔한 인상을 주는 '시티 썸머
이지 셋업'을 즐겨 입곤 합니다. 깔끔한 옷차림을 좋아하는
저에게 캐주얼하면서도 격식을 갖춘 셋업은 분주한 아침의
고민을 쉽게 해결해주죠. 무더운 여름철 야외 촬영을 하면
뜨거운 열기에 쉽게 지치는데, 가볍고 시원한 셋업 덕분에
촬영이 훨씬 수월해집니다.

3. 한강 산책
이형로 / 브랜드 매니저

4. 퇴근 후 데이트
박진아 / 스토어 매니저

마포구로 이사 온 지 일 년이 다 되어가는 저에게 한강 산책은 빼려야 뺄 수 없는 필수 활동입니다. 하늘이 예쁜 주말이면 이때다 싶어 볼캡 하나 푹 눌러쓰고, 맛있는 커피 한 잔 사 들고 바로 한강공원으로 산책하러 나갑니다. 공원이 집 앞이라 대충 입고 싶으면서도, 꾸민 듯 안 꾸민 듯하고 싶은 때는 가볍고 편하지만 예쁜 실루엣의 '컴포트 셔츠'가 딱입니다!

퇴근 후 데이트는 짧은 시간이지만, 하루의 마무리를 소중한 사람과 함께하며 재충전할 수 있어 귀중해요. '시티 워커 셋업'은 출근할 때의 격식과 퇴근 후의 캐주얼함을 모두 갖춘 셋업이기에, 애인을 만나는 날엔 더더욱 애용하는 아이템이에요. 상하의를 같은 색상으로 매치하기보다 밝은 색상과 어두운 색상을 섞어서 스타일링하면 데이트를 더욱 산뜻한 기분으로 즐길 수 있어요.

도시의 다음 페이지

서울 마포구 홍익대학교 정문 앞. 햇살 아래 음악과 커피가 흐르는 이 공간은 해브해드의 세컨드 브랜드, '스테레오포닉 사운드Stereophonic Sound'다. 패션을 다루는 그들은 왜 전혀 다른 분야로 눈을 돌렸을까. 그 이유는 도시 생활에서 음악과 커피는 떼려야 뗄 수 없다 믿었기 때문이다. 이제는 어딜 가든 선율이 흐르지 않는 공간은 상상하기 어렵고, 우리는 걸으면서도 귀에 음악을 흘려보낸다. 커피도 마찬가지. 근사한 카페가 끊이지 않고 문을 열며 커피는 매일 우리를 깨운다.
이곳에서 만날 수 있는 특별한 경험은 '사운드 렌탈 서비스'. 카세트와 카세트테이프, 오렌지색 헤드셋을 빌려 한 시간 동안 매장 밖을 산책할 수 있다. 음반은 스테레오포닉 사운드가 직접 엄선한다. 이 서비스는 이승환 대표와 공동 창업자 구윤모 크리에이티브 디렉터의 개인적인 사심에서 비롯되었다고. 두 사람은 모두 홍대 출신으로, 버스킹과 음악이 끊이지 않던 캠퍼스 근방의 과거 풍경을 복원하고 싶었단다. "매장이 위치한 공원은 불과 몇 년 전만 하더라도 '홍대 놀이터'라고 불리던 홍대의 상징적인 공간이었어요. 재학 중일 때는 그저 스쳐 지나가며 당연하게 누렸던 그 분위기와 모습들이 이제는 정말 그리워요. 스테레오포닉 사운드를 통해 그 모습을 다시 찾아오고 싶었죠."

머무른 시선을 따라

두 사람의 마음을 닮은 스테레오포닉 사운드 매장은 그 시절의 장면이 흐른다. 과거를 떠올릴 수 있는 요소를 현대적으로 해석해 이곳에 풀어두었기 때문이다. 공간에 방문해 눈여겨보면 좋을 네 가지 포인트를 소개한다. 모든 요소는 매장을 들른 낯선 도시 생활자를 반갑게 맞이할 것이다.

SPS 로고 티셔츠 & 볼캡

스테레오포닉 사운드는 다시 옷으로 시선을 돌린다. 그래픽 요소를 강조한 스트리트 캐주얼 브랜드로 나아가며 볼캡, 티셔츠 등 소품과 의류를 제작했다. 아날로그 하면서도 감각적인 로고가 매력적인 제품은 공간에서 직접 살펴볼 수 있다.

바오번

폭신한 빵에 토핑을 채워 만든 이곳만의 디저트. 시오콘부 에그 바오, 베이컨 에그 바오, 젤라또 바오 총 세 가지를 선보인다. 아침 식사로도 든든하다고 하니 음료와 함께 곁들여도 좋다.

바이닐

카세트테이프에 이어 향수를 불러일으키는 장치가 공간 곳곳에 자리한다. 공간 중심에 LP 플레이어가 놓여 있는데, 추후 밤에는 바이닐 펍으로 운영해 디제이가 함께하는 행사도 진행할 계획이다.

카세트 키링

스테레오포닉 사운드의 대표 굿즈. 작은 카세트테이프 모양으로 원하는 음악도 직접 녹음할 수 있다. 가방에 달아 귀여운 느낌을 내봐도 좋을 터. 이외에도 머그잔, 코스터 등 다양한 상품을 만나볼 수 있다.

멋쟁이라 불렸던 사나이

《아빠는 오리지널 힙스터》

볼록 솟은 뱃살은 몇십 년째 함께. 새치 염색은 필수.
휴대폰 화면은 멀찍이. 벨 소리는 쩌렁쩌렁. 이제는 너무나
귀여워져 버린 우리네 아버지들의 멋쟁이 시절에 관하여.

글 차의진   자료 제공 벤치워머스(푸른숲)

내가 왕년에는 말이지

우리 아빠의 패션 철학은 확고하다. 신발은 안 신은 듯
가볍고 편한 것, 여름엔 칼라티셔츠나 리넨 셔츠, 겨울엔
강추위를 막아낼 방한 바지. 쇼핑을 가도 손에 잡히는
물건은 늘 남색이나 검은색뿐이다. 새로운 스타일을
시도해 보라는 권유에도 나는 편한 게 최고라 하신다.
아무리 예쁜 옷이라도 실용성과 합리적인 가격을 갖춰야만
장바구니에 넣는다.
그런 아빠도 나한테 늘 하는 말이 있다. 어릴 때는 자기도
멋 낼 줄 알았다는 것. 셔츠는 종이도 벨 만큼 날렵하게
주름을 다렸고, 청바지만 입으면 만나자는 여학우들이
줄을 섰단다. 피식 웃고 넘기지만 먼지 쌓인 앨범 속
남자는 정말이지 근사하다. 청춘이라는 단어가 척
들어맞는 장면들, 그 속에 아빠와 똑 닮은 청년이 멋진
포즈로 웃는다.
샌프란시스코에 사는 카피라이터 브래드 게티Brad Getty는
아버지들의 젊고 잘나가던 시절 사진을 기부받아 블로그에
게시했다. 프로젝트명은 '아빠는 오리지널 힙스터Dads
are the original hipsters'. 촌스러운 아저씨로만 여겼던
아버지들이 사실은 힙스터의 시초였다는 이야기. 개성을
드러내는 옷으로 한껏 자신을 표현하며 자유로운 생활을
만끽할 줄 아는, 젊은 시절의 어느 날.

"진짜 힙스터는 네 아버지였단다. 그들은 싸구려
맥주를 멋진 것으로 만들고, 픽시 자전거를 타고,
몸에 짝 달라붙는 스키니 진을 입고, 티셔츠
브이넥은 깊이 파여 있었어. 게다가 너는 상상도
못 할 신나는 파티를 즐겼어. 그들은 힙스터라는

말이 생겨나기도 전에 힙스터였고, 이미 한참 전에
그런 건 또 진즉 때려치웠지."

저자는 사진을 모아 한 권의 책으로도 펴냈다. 스키니 진,
꽁지머리, 보타이처럼 과감한 패션부터 영화 제작,
세계여행, 비주류 악기 연주 같은 라이프스타일이
낡은 사진첩을 채운다. 지금은 도통 이해할 수 없는
스타일이라지만 아버지들은 그때의 자신이 퍽 마음에
드는 것 같다. 저자는 이제는 중년이 된 필름 속 주인공의
삶을 상상해 아이에게 건네고 싶은 말도 덧붙였다.

"네 아버지는 자신만의 스타일을 가진 사람이었어,
정말이야. 너의 덜떨어진 패션 대뇌피질로는 네가
꼬마였을 때 그가 간직했던 세련미를 이해하지
못하겠지. 그러니 무지몰각하게 아버지의 옛날
옷을 비웃기나 했지. 하지만 그는 그때 당시에도
옷을 어떻게 입어야 하는지 알고 있었어. (중략)
언제나 말쑥하니 최고의 멋쟁이였어."

우리 아빠도 엄마를 만나러 가는 날에는 제일 마음에 드는
셔츠를 골라 입었을까. 마음에 들 때까지 머리를 매만지고
거울 앞에서 여러 번 자신을 비춰봤겠지. 유행가는
외우려고 하지 않아도 자연스럽게 알고 있었을 테고,
때로는 친구들과 춤도 추러 갔을 거야. 빛바랜 필름으로
가득한 책장을 넘기며 우리 아빠의 그 시절을 그려본다.

운동용 헤드밴드

"네 아버지는 너보다 훨씬 예전에 헤드밴드를
사용했어. (중략) 그의 존재 자체에서 쏟아져
나오는 어마어마한 에너지를 이마에 두른
샘와우(Shamwow, 흡수력이 뛰어난 다용도 타월
제조업체)가 빨아들여서, 지하에서 한창 공연을
할 때도 흘러내린 땀에 시야가 흐려지는 법이
없었지."

아빠는 종종 '7080' 시절의 노래를 틀고 운전했다.
필수 곡은 이문세의 '야생마'나 이글스Eagles의
'호텔 캘리포니아Hotel California'. 나는 중2병에 제대로
걸려 이어폰으로 귀를 꽉 틀어막고 자는 척을 했지만
명곡은 명곡이라고, 가사가 저절로 외워져 나도 모르게
흥얼거렸다. 언젠가 아빠는 고등학교 시절 그룹사운드,
요즘 말로는 밴드를 하고 싶었다고 했다. 할아버지의
반대에 부딪히지 않았다면 아빠도 머리를 기르고 가죽
재킷을 입었을까? 도로를 무대 삼아 열창하는 뒷모습을
보며 열기로 가득한 라이브 공연을 상상해 본다.

데님 반바지

"그는 삶의 흔적으로 만신창이가 된 청바지의 다리
부분을 잘라 스타일이 멋진 핫팬츠로 재탄생시켜
도로 옷장에 넣고 재활용했어. (중략) 한때 즐겨
입다가 낡아버린 바지들은 모두 반바지로 다시
태어나 새로운 삶을 살았지."

내 주변 패션광들의 공통점은 의류를 직접 리폼해 입어본
경험이 있다는 점이다. 원하는 핏대로 옷을 줄이거나
늘이고, 때로는 자르거나 무언가를 덧대기도 한다. 옷을
마음대로 바꾸어 나를 표현하는 건 사진 속 주인공도
마찬가지. 파격적인 차림새에서 어색함보다는 여유가
느껴진다. 그가 착용한 아이템은 '조츠Jorts', 데님을
뜻하는 'Jean'과 반바지를 뜻하는 'Shorts'의 합성어란다.
오늘날은 짧은 바지를 여성의 전유물로만 여기지만
아버지의 자유로움은 시대를 거스르는 것만 같다.
우리 아빠에게도 이런 날들이 있었을까? 남들의 시선은
뒤로하고 원하는 옷을 골라 거리로 나선 주말 오후. 아빠도
그 기분을 분명 느껴봤을 것이다.

탱크톱

> "탱크톱은 무더운 여름에 상의를 입을까 말까
> 하는 고민 끝에 나온 어정쩡한 타협안으로, 데이지
> 듀크(미국 드라마 〈듀크스 오브 해저드The Dukes
> of Hazzard〉(1979)의 주인공. 항상 데님 반바지를
> 착용했다.)처럼 입은 대학생의 그을린 엉덩이로
> 흘러내리는 땀줄기보다 더 여름을 대변하는
> 옷이었어."

아빠의 여름을 목격한 적 있다. 고등학생인 아빠는
친구들과 해변에서 머리를 맞대고 누웠고 그 모습은 필름에
담겼다. 어촌 마을에서 자란, 삐쩍 마른 그 남자애는 더운
날이면 아무 때나 웃옷을 벗고 바다로 뛰어들었다. 그리고
허기가 지면 아버지의 배 위에서 라면을 끓이거나 홍합을
삶아 먹었단다. 이제는 체중 관리에 심혈을 기울이는
귀여운 중년이 되었지만. 우리가 민소매라고 부르는 사진
속 옷은 북미에서는 탱크톱이라고 부른다. 옷장을 정리하다
우연히 이 옷을 꺼내 들면 여름날의 한 장면이 펼쳐지지
않을까. 미지근한 맥주, 파라솔 아래 작게 드리운 그늘,
그날 처음 만난 어떤 여자애 같은 존재들이.

우리 아빠도 멋쟁이

엄마는 아빠가 품 안에 쏙 들어올 만큼 날씬한 데다 멋진
사람이었다고 했다. 낡은 앨범을 펼쳐 그 말을 검증해
보기로 한다. 어디 보자. 우리 아빠도 멋쟁이 시절이
있었으려나?

체크 셔츠 큰 체크무늬는 소화하기 어렵다는 게
나의 지론이다. 하지만 아빠에게는 늘 잘
어울렸다. 아무리 'Y2K'가 유행이라지만
내가 입는다면 도를 아냐고 물어봐야
할 것만 같은 옷인데…. 조그만 나를 안고
환히 웃는 아빠가 아름답다.

브래드 게티
샌프란시스코에 사는 카피라이터. 아버지들의 젊은 시절 모습을 수집한 텀블러Tumblr
블로그를 운영해 '이 주의 텀블러'로 선정된 바 있다. 《아빠는 오리지널 힙스터》에 이어,
멋진 아기들의 사진을 모은 《I Was an Awesomer Kid》를 펴냈다.

나를 표현할 수 있는 가장 가벼운 물건은 무엇일까? 수수께끼 같은 이 질문에 대한 답은
생각보다 가까이 있다. 누구나 하나쯤 갖고 있으면서, 지금 당신과 맞붙어 있을지도
모르는 존재. 당신을 편안하게, 때로는 시원하게 만드는 존재. 그 이름은 바로, 티셔츠!

에디터 차의진   자료 제공 프린트 프레젠트 서비스   일러스트 임경환

갓 구운 티셔츠와 한 장의 우주

PPS

프린트해 드릴까요?

서촌의 한 작업실. 복사기를 닮은 커다란 기계가 따끈한 열을 내며 작동한다. 곧이어 한 사람이 다가와 기계에서 꺼낸 건 다름 아닌 티셔츠. 그 위에는 어디에서도 보지 못한, 사적이고 일상적인 장면과 문장이 새겨 있다. 이곳은 세상에 단 하나뿐인 프린팅 티셔츠를 만들고 그에 담긴 이야기를 다양한 콘텐츠로 풀어내는 프로젝트, '프린트 프레젠트 서비스Print Present Service'(이하 PPS)가 펼쳐지는 공간이다. 참, 이렇게만 설명하면 이 프로젝트의 다채로움과 유쾌함이 납작해져 버린다. 먼저 티셔츠를 향한 PPS의 애정을 알아두어야 한다.

"컵라면 없이는 장기 여행을 할 수 없는 고집 센 입맛의 어른이 되어서도 귀국길 여행 캐리어에서 빠지지 않는 수비니어는 단연 티셔츠와 레코드입니다. 옷장에는 여전히 정체 모를 티셔츠가 많고, 특이한 티셔츠를 입고 있는 사람에게는 괜히 말을 걸어보고 싶습니다. 오늘을 살아가는 데 있어서 사적이고도 유쾌한 에너지, 취향과 기분을 나누고 싶습니다."

PPS는 그토록 좋아하는 티셔츠를 매개로 사람과 연결된다. 일하는 사람을 위한 티셔츠, 파티를 위한 티셔츠 등 다양한 상황과 대상을 위한 옷을 제작하거나, 의뢰인이 원하는 문장과 사진을 프린팅해 커스텀 티셔츠를 만들어낸다. PPS가 옷으로 다양한 이야기를 전개하는 이유는 이 직물 한 장이 한 사람의 세계를 대변할 수 있다고 믿기 때문이다. 프로젝트는 티셔츠를 사랑하는 소설가, 무라카미 하루키의 말을 빌려 이 마음을 설명한다.

"그는 그의 티셔츠에 대해 이렇게 말합니다. 일부러 모은 것은 아니지만 그럼에도 우연히 모이게 된 이 컬렉션이, 결국 본인의 라이프스타일을 드러내는 것 같아 좋다고요. 티셔츠는 본인의 '프리 라이프스타일Free-Lifestyle'을 상징한다면서요. 형식적인 자리를 꺼리는 그에게 슈트라고는 수십 년 전 산 '보스BOSS' 한 벌이 전부라더군요. 그렇기에 하루키에게 티셔츠는 그의 자유로운 라이프스타일 그 자체입니다."

T를 닮은 어떤 세계

PPS가 바라보는 티셔츠는 격식 없이 누리는 편안함이자 자기표현이다. 프로젝트는 이제 티셔츠를 입은 사람들에게 마이크를 건넨다. PPS와 함께 커스텀 옷을 만들고 그에 실은 의미와 기억을 되짚어보는 대화, '프린트 프레젠트 인터뷰'를 진행한 것. 그간 참여한 이들은 작가 무과수를 비롯해 그래픽 디자이너 임경환, 밴드 666, '도넛바이닐샵' 마케터 김소희. PPS의 다정하고도 사적인 친구들이다. 인터뷰를 소개한 이 문장을 좋아한다.

"한 명의 사람과 한 명의 티셔츠, 한 명의 이야기가 만들어지는 인터뷰입니다. 자기표현의 수단으로서 티셔츠를 이야기하고자 합니다. 가훈, 교훈, 좌우명 같은 것들은 시대에서 점차 자취를 감추고 있지만 여전히 나를 움직이는 문장, 혹은 요즘 좋아하는 노래의 가사처럼 우리를 이끄는 문장과 말, 단어는 존재합니다. 한 사람은 하나의 세계이며, 한 권의 책이고, 노래입니다. 티셔츠이기도 하죠. 그들의 지금 이 순간을 프린팅하고, 대화를 나누고자 하는 인터뷰 프로젝트입니다."

"Today… I did Nothing." 간단해 보이지만 그 뜻에 귀 기울이고 싶은 문장들이 부드러운 면 위에 자리 잡았다. 프린트 프레젠트 서비스는 문장에 담긴 의미를 묻고 한 사람의 내밀한 세계로 뛰어들어, 웹사이트에 인터뷰를 풀어낸다. PPS와 무과수의 대화 중 일부를 이곳에 옮겨 둔다.

Q. 티셔츠 속 문장(I follow where my mind goes.)은 사이키델릭 퍼스The Psychedelic Furs의 'Love my way'에 나오는 가사라고요.

A. 제 오른쪽 팔 타투에서 길어 올린 문장인데요. 제가 삶을 살고 싶은 어떤 태도가 있는데, 그 문장을 뭘로 할까 하다가 발견하게 되었어요. 처음에 이 노래를 들을 때만 해도 자세한 가사의 의미를 모르고 들었는데요. 타투를 새기려고 알아보다가 의미를 잘 알게 된 거죠. 어떻게 보면 제 태도가 그런 것 같아요. 마음 가는 대로 살아왔고, 어떤 더 좋은 선택지가 있다고 해도 제 마음이 향하는 곳으로 선택하고 살아왔기 때문에 앞으로도 그렇게 살고 싶어서 새긴 것 같아요. 그게 진지하기보다는 무겁지 않은 의미로요.

인터뷰이가 이 옷을 입은 날이면 문장들은 그들을 따라다니며 외칠 것이다. 나는 무얼 좋아해요. 나는 이런 사람이에요. 입을 열지 않고도 나를 설명하는 방법. 그 귀엽고 유쾌한 묘안은 대문자 T를 닮은 어떤 조각이다.

현재를 선물할게요

이진수 프린트 프레젠트 서비스

이 유쾌한 프로젝트를 운영하는 사람을 만났다. 이진수는 《GQ》 콘텐츠 에디터, 네이버문화재단 온스테이지 기획위원을 거쳐 프리랜서 에디터로 활발하게 활동 중이다. 프린트 프레젠트 서비스는 어떻게 태동했는지, 그에게 티셔츠는 어떤 존재인지 물었다.

PPS를 시작한 계기 시작을 하게 된 결정적인 순간은 없는 것 같아요. 도랑물이 모여 개울이 되고 계곡이 되고 강이 되는 것처럼 '일어났다'는 게 맞는 것 같습니다. 어릴 때부터 항상 저는 방구석에 쓸모없는 것들을 모아두는 아이였습니다. 티셔츠는 그런 것들 중 하나이기도 했고, 제가 좋아하는 밴드나 아티스트의 티셔츠를 사면 그냥 기분이 좋았습니다. 그렇게 처음엔 굿즈를 소유하고 소비하는 게 좋았어요. 하나둘 모으기 시작했고 매거진 에디터로 일하면서 개인의 SNS조차 플랫폼이 되는 시대를 겪고 나니, 티셔츠도 하나의 플랫폼이 될 수 있겠다는 생각이 들었습니다. 티셔츠는 취향을 표현하는, 메시지를 전하는 수단으로 너무나 좋아요. 왜냐하면 사람이 입고 돌아다닐 수 있거든요. 어디든지요.

이름의 뜻 사람들에게 선물을 프린팅해 준다는 의미와 더불어, 스쳐 지나갈 수 있는 '현재, 지금'을 프린트해 준다는 중의적인 표현이에요.

프린트 프레젠트 인터뷰를 시작한 이유 티셔츠를 프린트하는 '브라더 GTX pro' 기기를 구매하고, 브랜드 이름을 짓고, 남편의 브랜드 쇼룸 공간에 신세를 지고 프로젝트를 시작했을 때 많은 고민이 들었어요. 3-4개월은 슬럼프도 겪었죠. 출근길에 눈물도 났지만, 결국 나를 구원할 사람은 나밖에 없었습니다. 내가 하고 싶은 게 티셔츠 브랜드, 의류 사업일까? 'No'였어요. 제가 삶에서 재미를 느끼는 것은 언제나 '사람'과 '이야기'가 있는 곳이었고, 티셔츠 역시 그 수단으로 존재할 때 유의미했어요. 그래서 동기 부여를 하기 위해 콘텐츠를 시작한 거죠. 티셔츠 한 장만 받고 응해준 친구들에게 아직도 너무 감사합니다. 지금도 사이트는 쇼핑몰처럼 보이지만 사실은 보이지 않는 B2B 사업을 더 많이 하고 있어요.

티셔츠 제작 과정 앞서 언급한 브라더 GTX pro는 우리에게 익숙한 브라더 미싱, 프린터 등을 제작한 회사의 디지털 의류 인쇄기입니다. 잘 알려진 '김씨네과일'도 이 기기를 쓰고 있어요. 한 장, 한 장 사람이 다 만든다는 것이 특징인데요. 그렇기 때문에 커스텀이 용이해요. 일반적으로 컴퓨터에서 문서를 프린트하는 것과 비슷한 과정이라고 생각하시면 쉬워요. 단, 면직물에 프린트하는 만큼 전후로 특수한 처리 과정이 필요합니다. 인쇄 전 잉크 용액이 잘 흡수되도록 도움을 주는 전처리 용액을 발포한 뒤 열 프레싱 진행. 이후 본 인쇄를 진행하고 또다시 최종적으로 마감 열 프레싱을 하죠.

나에게 티셔츠의 의미 어떤 의미가 구체화되었다고 말씀드리기에는 제가 아직 초보 사장인 것 같아요. 매번 한 사람, 한 사람에게 기쁨을 주는 티셔츠를 만들고 싶어서 시작한 프로젝트이기 때문에 제 기대와 상대방의 기대를 맞추고 조율하는 일이 어렵기도 합니다. 회사에 소속되어 일할 때와 다르게 개인으로 일을 하다 보니, 매일 스스로 사춘기에 맞닥뜨린 중학생처럼 심각해지곤 해요. 때때로

내가 삶의 너무 많은 것에 의미를 부여하나 싶을 때가 있거든요. 지구가 이렇게 오염되고 있는데 굳이 나까지 옷을 만들어야 하나, 생각이 들기도 하고요. 옷이 주제인 이슈에 못 할 이야기인 것 같기도 합니다. (그래서 집에서 놀고 있는 티셔츠를 활용하는 리프린팅 프로젝트를 준비 중이니 기대해 주세요.) 하지만 그럼에도 변함없는 부분은 모든 게 디지털로 쉽게 흩어지는 것 같고, 나라는 인간이 우주의 먼지 같고, 당장 제가 내일 죽을지도 모르지만 이 유한함을 기억하며 기록하고 감사하며, 떳떳한 의미로 채워야겠다는 생각입니다.

앞으로의 계획 욕심이 없는 편이라 사업에 엄청난 열정이 없고, 그냥 모든 걸 그만두고 사라지고 싶다는 생각을 종종 하곤 해요. 그저 지금처럼 티셔츠를 좋아하는 마음을 유지하면서, 꾸준히 고양이들 사룟값을 벌면서, 할 수 있으면 좋겠습니다. 자의든, 타의든요.

제 티셔츠를 의뢰합니다

나도 나만의 티셔츠를 만들고 싶었다. 준비물은 옷에 담고 싶은 문장과 사진 그리고 설레는 마음.
물건을 의뢰한 지 며칠 후, 이진수 에디터에게 연락을 받았다. 티셔츠가 프린팅만을 기다리고 있다고.

Editor's Comment

원하는 문구는 "Love, Reads Books, Drink Water"입니다. 언젠가 내 아이에게 세 가지만을 당부할
수 있다면 하고 싶은 말을 생각해 본 적 있어요. 저 자신에게 늘 건네는 이 문장이 바로 떠오르더라고요.
누군가를 아끼는 저만의 방식은 사랑하고, 책을 읽고, 물을 많이 마시라는 말을 하는 거예요. 사진은
사랑하는 사람들과 자주 들렀던 국립현대미술관을 직접 찍은 필름 사진입니다. 티셔츠에 새긴 문구와
함께, 소중한 이들을 떠올리고 싶어요.

한번 입어볼까요?

서촌 작업실에 들르자, 부부가 환히 나를 반겼다. 이진수 에디터와 패션 브랜드 '소프터SOFTUR'를
운영하는 조항현 대표다. 이미 티셔츠를 제작해 두었지만 사진이 조금 흐릿하게 표현돼 아쉽다는 두
사람. 사진을 좀더 또렷하게 프린트해 보겠다며 옷 한 장을 새롭게 꺼냈다. 경쾌한 음악을 들으며 잠시
기다리니, 따끈한 티셔츠가 완성됐다. 소중히 여기는 문구와 장면을 새긴 작품은 또 다른 나 같았다.
나를 닮은 옷, 내가 담긴 옷. 이렇게 특별한 티셔츠라면 또 만들고 싶어!

PPS's Comment

필름 사진과 일상의 균형을 지키고자 하는 마음이 담긴 문장들을 전해 받고, 느껴지는 차분함과 맑은
기운을 오기가미 나오코荻上直子 감독의 영화 포스터처럼 표현해 보고 싶었습니다.

우리의 옷장에는 당신이 있어요

당신은 한 시대를 풍미한 빛나는 존재입니다. 우리는 당신을 따라 입고 동경해요.

글 차의진   일러스트 이한

속옷을 일상복으로

말런 브랜도의 티셔츠

"거절할 수 없는 제안을 하지." 어두운 빛의 슈트, 깔끔한 보타이, 잘 쓸어 넘긴 은발 머리. 카리스마 넘치는 시선으로 영화 〈대부〉(1972)에서 명대사를 남긴 이 신사의 이름은 말런 브랜도Marlon Brando다. 개인의 삶에서는 여러 비판적인 견해도 많은 인물이지만, 영화사에 한 획을 그은 배우임은 확실하다. 젊은 날들은 자유분방한 반항아의 아이콘으로, 중년기에는 무르익은 연기력으로 시대에 족적을 남겼다.

그가 대중에게 각인된 계기는 영화 〈욕망이라는 이름의 전차〉(1951)에 출연한 때. 브랜도는 폭력적이고 야성적인 등장인물 '스탠리' 역을 맡아 열연했는데, 작품에서 늘 티셔츠를 입었다. 당시 군인들이 러닝셔츠처럼 속옷 용도로 착용하던 티셔츠를 브랜도는 일상복으로 활용하기 시작한 것. 피부에 달라붙는 가벼운 차림은 그의 야성적이고 거친 면모를 돋보이게 했다. 근육으로 꽉 끼는 소매는 많은 남성들의 선망을 샀고, 그는 스타 배우로

급부상했다. 동시에 티셔츠도 불티나게 팔리기 시작했다. 이제 티셔츠는 그저 땀을 흡수하려고 입는 내의가 아니라, 언제나 쉽게 꺼내 입을 수 있는 패션 아이템으로 자리 잡았다.

문득 그를 좋아해 준 사람들에게 고맙다. 티셔츠를 속옷으로만 입는 세상은 지루함 그 자체니까. 친구들과 여행 기념으로 같이 산 "I ♥ LA" 티도, 회사 안보다 밖에서 더 자주 입는 사내 단체티도 없는 세상이라니. 셔츠를 차려입고 집 앞 슈퍼에 가는 엉뚱한 생각도 해본다. 스타를 향한 선망은 우리가 재밌는 옷을 입고 즐기게 됐다는, 의도하지 않은 결과를 낳았다. 브랜도는 이 사실에 뿌듯했을까? 티셔츠를 입은 행인을 보면서 젊은 날을 회상하곤 했을까? 누군가의 옷장이 나의 영향력으로 채워져 간다는 건 입꼬리가 슬쩍 올라가는 경험일지도 모르겠다.

낯설어서 멋진 오늘

줄리아 로버츠의 슈트

레드 카펫이 길게 깔리고 기자들은 연신 플래시를 터뜨린다. 많은 스타가 한자리에 모이는 시상식. 여성 배우들의 화려한 드레스가 자리를 빛낸다. 다채로운 색상과 장식, 반짝이는 소재가 줄을 잇는 사이, 줄리아 로버츠Julia Roberts는 조금 다른 모습으로 나타난다. 길게 늘어뜨린 곱슬머리에, 근사한 슈트 차림, 자연스럽게 맨 넥타이까지. 휘둥그레진 사람들의 시선에 그는 시원한 미소로 화답한다.

줄리아는 90년대를 대표하는 할리우드 간판스타다. 〈귀여운 여인〉(1990)으로 큰 사랑을 받으며 로맨스 영화 주연을 연달아 꿰찼고, 여자 배우 최초로 《VOGUE》와 《GQ》 표지를 장식했다. 그런 그가 공식 석상에서 자주 착용한 옷은 다름 아닌 슈트. 때로는 정중한 느낌의 검은색을 선택하거나, 때로는 경쾌한 노란색을 골라 개성을 드러냈다. 정장이 주는 성숙한 느낌 속에서도 줄리아만의 사랑스러움이 흐른다.

그가 〈철목련〉(1989)으로 여우조연상을 받은 1990년 골든글로브 시상식을 잊지 못한다. 조르지오 아르마니의 은색 정장을 입고, 한 손에는 트로피를 쥔 그 모습이 내게는 작은 충격이었다. 슈트를 이렇게도 입을 수 있고, 충분히 아름답다는 말을 전하는 것 같아서다. 그는 그때를 이렇게 기억한다. "저에게 그날은 전형적으로 차려입은 모습이었어요." 정장이 주는 특유의 좋은 긴장감 속에서 줄리아는 편안하게 웃고 있다. 일 년 뒤 같은 시상식에서도 배우는 슈트를 선택했다. 바지 대신 미니스커트를 매치해 그만의 감각을 드러냈다.

언젠가는 줄리아처럼 입어 보고 싶다. 넥타이와 정장 차림을 한 내가 궁금해서다. 그럴 일이 있을지는 모르겠다만. 낯선 내 모습이 내게 제법 마음에 들길, 줄리아가 느낀 기분 좋은 새로움을 나도 경험하길 바란다. 그리고 환하게 웃어야지. 그가 그랬던 것처럼!

이보다 더 어울릴 수는 없다

이효리의 링 귀걸이

Lee hyoLee

'세기말 패션'이 유행이라고 한다. 허리선에 맞춰 입는 바지부터 트레이닝복 세트, 무테안경까지. 2000년대 초를 연상하게 하는 아이템을 곳곳에서 목격할 수 있다. 아이돌들은 자신이 태어날 무렵 인기를 끈 스타일을 근사하게 소화하고, 평범한 사람들의 옷차림에도 유행의 흐름이 조금씩 섞여 들어간 것을 본다.

'Y2K' 스타일을 추구하는 사람들이 뮤즈로 자주 꼽는 인물이 있다. 스타라는 이름이 척 들어맞는 사람, 여전히 우리에게 지대한 영향을 끼치는 뮤지션, 이효리다. 4인조 걸그룹으로 처음 모습을 비춘 그는 2003년부터 홀로 무대에 올랐고, '10 Minutes', 'U-Go-Girl' 등은 발매하자마자 시대를 대변하는 유행가가 됐다. 자유롭고 도발적인 이미지에 대중은 폭발적으로 호응했고, 이효리는 문화의 중심에 섰다.

그를 대표하는 아이템이라고 한다면 나는 링 귀걸이를 꼽겠다. 작고 귀여운 것보다는 지름이 큰 링을 말하는 거다. 이렇게 자연스럽게 소화할 사람이 또 있을까 싶을 만큼 이효리는 그 액세서리가 퍽 잘 어울린다. 은색 고리가 건강하고 화려한 느낌을 증폭시키는 것 같달까. 고리 크기가 아무리 커도 그는 멋지게 보일 거라는 상상을 펼쳐 본다. 한때는 자연을 곁 하고 느긋하게 사는 모습을 보여주기도 했지만, 다시 무대에 선 그의 모습은 어색함이 없다. 때때로 예전 같은 스타일링을 시도하는데, 여전히 멋지다. 링 귀걸이는 그와 계속 함께하며 팬들의 향수를 불러일으키고 있다.

어릴 때 어른의 상징은 링 귀걸이라 생각한 적이 있다. 단아한 진주보다는 대담한 액세서리를 선택하는 모습이 멋진 언니 같아 보였달까. 지금 나는 귓불도 막히고 장식품은 귀찮게 여기는 사람이 되었다만…. 내 마음속에는 늘 큼지막한 은색 고리가 있다.

편집숍은 지향하는 삶의 모습이 뚜렷한 누군가의 옷장이다. 자신을 이루는 조각들을
공유하고자 하는 마음으로 옷을 골라 채워 넣고, 비슷한 파편을 찾아다니는 이들이
모인 장소에서 손님을 기다린다. 각자의 자리에서 조각을 모아 팔고 있는 편집숍을
소개한다. 오직 그곳에 가야만 만날 수 있는 유일한 옷장들이다.

옷을 골라 소개하는 장소

오직 그 곳에만 있는 로컬 편집숍

에디터 **지정현**

자료 제공 루프트맨션, 브라운 프론트 도어, 엘비비 유나이티드

Busan

루프트맨션

Q1. 해운대역을 중심으로, 바닷가 부근은 확실히
관광객분들이 많은데요. 그 건너편
해리단길은 로컬과 해운대의 분위기가 섞인
매력적인 동네죠.

Q2. 다양한 나라와 도시에서 온 분들과 동네
주민들이 많이 찾아와 주세요. 특히 무거운
배낭이나 캐리어를 들고 와 주시는
여행객분들도 계신데, 여행의 설렘이
느껴져서 덩달아 기분이 좋아집니다.

해운대로 출장을 갔다. 매년 부산을 방문하는데, 해운대를
진득이 가본 건 이번이 처음이었다. 누군가는 청춘을
불태운 추억이 있는 장소라고 말하지만, 그런 적도 없다.
역에서 내리면 길게 트여 있는 구남로 주변으로 관광객과
주민들이 바쁘게 걸어 다니고, 그 아래로 바다가 보인다.
사람들은 높이 솟은 빌딩, 고급 호텔, 야트막한 횟집 들을
배경 삼아 러닝을 하거나, 반려견과 산책을 한다. 해운대는
생동감이 넘치는 도시였다. 사계절 상관없이 쉼 없이
돌아가는, 스스로 숨 쉬는 지역이었다.
해운대역 2번 출구 쪽은 분위기가 달랐다. 낡고 오래된
맨션들이 옹기종기 모여 있고, 건물 1층마다 소규모
점포와 감각적인 식당이 손님을 기다리고 있었다.
"여기 연남동 같다." 같이 걷고 있는 동료 D에게
말했다. "정말." 그는 배가 고팠는지 짧게 대답했다.
연남동이 연상되는 해리단길을 걸어 식당으로 향하는
길, '루프트맨션'이라고 적힌 새하얀 간판을 발견했다.
루프트맨션은 해리단길에 위치한 라이프스타일
편집숍으로, 전포의 의류 셀렉숍 '루프트베이스먼트'에서
운영하는 공간이다. 전포는 부산의 멋쟁이들이 모이는
젊은 거리이니만큼 루프트베이스먼트의 취급 의류도
젊고 트렌디하지만, 루프트맨션이 위치한 해리단길은
지역 주민들은 당연하고, 국내외 관광객도 오가기 때문에
지역도, 국적도, 연령도 천차만별이다. 일반 가정집이었던
맨션을 개조하고 재단장해 오픈한 루프트맨션은
라이프스타일 스토어를 지향하며 연령과 성별에 구애받지
않는 아이템들을 제안하고 있다. 해리단길의 다양성이

자연스레 스며든 공간인 셈이다. 따스한 목재 바닥과 흰 벽
위아래로 누군가 실제 사용하는 듯 진열되어 있는 빈티지
가구와 서적 그리고 화분들. 취향 좋은 친구네 집에 놀러
온 기분으로 편안하게 둘러보다 보면, 양말과 치약 같은
생필품도 비치되어 있다는 걸 알게 된다.
루프트맨션의 자체 제작 상품에는 'Luft Mansion'이란
브랜드명이 각기 다른 글씨체로 적혀 있다. 네모반듯하게
써져 있는 제품이 있는가 하면, 어린아이가 낙서하듯이
삐뚤빼뚤 적힌 옷도 있다. 디자인을 위한 타이포그래픽일
수도 있으나, 루프트맨션이 지향하는 바를 엿볼 수
있는 지점이라 생각했다. 다음번엔 부산에 내려가면,
루프트맨션의 티셔츠를 한 장 사서 엄마한테 선물해 볼까.

누군가 머문 듯한 흔적이 인상적인 공간

일상의 장면을 옮긴 듯한 잡화들

A. 부산 해운대구 우동1로38번가길 12층 201호
H. Instagram.com/luft_mansion
O. 매일 11:00-18:00

Seoul

브라운 프론트 도어

Q1. 한 끗 차이로 아집이 아닌 고집을 부릴 수
있는 동네입니다.

Q2. 취미나 일에 미쳐 있고, 어떠한 스타일
장르에 얽매이지 않는 분들이 단골이에요.
배울 점도 많은 분들입니다.

난 서울을 동쪽과 서쪽으로 구분한다. 이유는 간단하다.
집은 동쪽에 있고, 직장은 서쪽에 있으니까. 나의 하루는
좌우로 움직이는 셈이다. 서울은 서쪽으로 갈수록
느슨해진다. 마포구에 진입할 때는 거리에 생기가
도는데, 그중 망원동의 자유분방한 기운은 특별하다.
좁은 골목마다 자리한 개성 뚜렷한 작은 가게들 사이로
모습을 드러내는 망원시장과 근처에 자리한 한강공원.
걸을수록 바쁜 일상 탓에 잔뜩 조여져 있던 등과 가슴이
여유로워지는 동네다.
망원동에 자리한 '브라운 프론트 도어'도 그렇다.
무엇이라 딱 잘라 설명하기 어려울 정도로 자유로운
분위기의 편집숍이다. '갈색 현관문'이 돋보이는 공간
속에는 카페와 국내 브랜드, 빈티지를 취급하는 편집숍이
자리해 있고, 자체 핸들 체인스티치 자수 브랜드 'BURN
FROM THE SUN'도 한편에 있다. 이 모든 요소들이
슈퍼캐주얼Super Casual이라는 숍의 기조 아래 응집되어
하나의 라이프스타일을 이룬다. "하고 싶은 거 다 하는
거죠?"라는 질문에 최세준 디렉터는 이렇게 대답했다.
"제 삶을 그대로 녹이려고 했어요. 지금 가장 심취해
있는 것들로 공간을 꾸린 거죠." 브라운 프론트 도어가
이야기하는 슈퍼캐주얼은 '남의 시선을 의식하기보다는,
내가 무엇을 좋아하는지 고찰하는 태도'가 반영된 가장
나다운 삶을 의미한다. 내가 망원동에 올 때마다 느끼는
느슨한 자유로움도 슈퍼캐주얼과 가깝다. 브라운 프론트
도어의 코디는 편안한 실루엣을 강조한다. 이들의
코디네이션을 볼 때마다 심리적인 느슨함은 내가 좋아하는
걸 거리낌 없이 할 수 있을 때 찾아온다고 생각한다.

브라운 프론트 도어의 전신인 '이디엄 스토어'는 강북구
미아동에 있었다. 그때의 모습을 기억한다. 지금보다
작은 공간이었다. 동쪽에서 서쪽으로 이전한 셈이니, 부쩍
핸섬해진 고향 친구를 보는 기분이다. 나는 핸섬해지지
못했고, 출퇴근을 하고 있다.

체인스티치 작업을 하는 공간

매장 한편에 있는 카페의 전경

A. 서울시 마포구 포은로 94 그레이스빌딩 1층 101호
H. Instagram.com/brownfrontdoor
O. 화~일요일 12:00-22:00, 월요일 휴무

엘비비 유나이티드

Q1. 넓게 트인 이면도로 덕에 한적함이 있어요.
대구 근대문화 거리로 지정됐다는데, 아직
둘러보진 못했습니다.

Q2. 제가 고른 것들을 믿고 찾아와 주시는
분들입니다. 저를 만나러 와 주시는 분들도
계시고요. 음식을 나눠 먹으면서 일상적인
대화도 나누고, 좋은 음악도 공유합니다.
농담도 하면서요.

엘비비 유나이티드가 제안하는 삶의 방식이 더욱 또렷이
다가온다.

편집숍은 한정된 공간 안에서 옷과 제품을 통해 운영자의
관심사와 견지하는 태도를 투영하는, 입체적이고도 세밀한
과정을 필요로 하는 결과물이다. 엘비비 유나이티드는
그 과정을 몇 번이나 고민하고 여과해 정수만 남겼다.
동성로의 수많은 선택지에 지쳤다면 건너편 동네에 위치한
이곳으로 와보자.

대구에는 색깔이 진한 개인 편집숍이 많다. 의류, 소품,
인테리어 등 분야도, 품목도 다양하다. 서울 촌놈 눈에는
신기할 따름이다. 스타일이나 장르 면에서 서울보다도
선택지가 많은 것처럼 보이니까. 멋들어지게 옷을 입는
지인도 대구 사람이었다. "동성로 한번 오시지요. 옷
좋아하시잖아요." 나는 옷을 좋아하지, 그처럼 잘 입지는
못했다. 그 덕분에 대구는 멋쟁이들의 동네라는 인식이
박혔다.

'엘비비 유나이티드'는 동성로 건너편 수동 골목에 있다.
한적하고 여유로움이 묻어나 동성로의 번잡스러움과는
반전된 분위기의 동네. 오트밀 색으로 바랜 건물 외벽에
달린 우드 프레임. 내부도 바깥과 동일한 컬러톤으로
깔끔하게 정리되어 있고, 전시된 의류와 조화로운 자리에
소파와 의자가 놓여 있다. "Streamline Our Lives
To Pursue Less(더 적은 것을 추구하기 위해 우리의 삶을
간소화하십시오.)" 엘비비 유나이티드의 메시지를 떠올리며
공간을 꾸린 허민호 디렉터의 취향이 얼마나 깎고 깎아
날카로워졌는지 가늠해 본다. 판매하는 브랜드와 옷들도
성숙한 어른의 취향이다. 값어치 있는 데님과 블루종, 몸에
편하게 감기는 스트라이프 티셔츠와 경쾌한 기장의 치노
팬츠. 자신한테 어울리는 것이 무엇인지 알고, 그중에서도
최고로 좋은 것들만 모아 놓았다는 인상이 든다. 주변에
이런 형이 있다면, 맨날 따라다니고 싶을 거다. (돈도 많을
것 같다.) 선반으로 시선을 돌리면 스웨덴에서 활동하고
있는 최근식 디자이너의 화병과 이솝의 제품들이 놓여
있다. 이솝 홍콩 오피스에서 먼저 연락을 취했다고 하니,

최근식 디자이너의 화병

브랜드의 로고가 새겨진 매끄러운 입구

A. 대구 중구 중앙대로81길 89 1층
H. Instagram.com/lbb_united
O. 월—금 13:00-19:00, 토요일은 18:00까지, 일요일 휴무

얼굴도 나이도 취향도 다른 여섯 사람에게 옷장을 열어 단 한 장의
티셔츠를 골라 보여달라고 했다. 저마다 생김새가 다른 옷 위로는
쭈글쭈글하거나 부드러운, 열렬하거나 사랑스러운 이야기가 흐른다.

딱 한 장만 고른다면

에디터 이명주

이명주

어라운드 매거진 에디터

명주가 고른 것

어라운드 10주년을 기념하며 만든 굿즈 티셔츠. 비매품.

함께 입고 싶은 옷

도트 무늬 스커트와 주황색 양말에다 플랫 슈즈를 신고 싶다. 그리고 품에는 책 한 권이 있어야 한다. 이왕이면 《AROUND》로.

시작부터 말씀드립니다만 저는 티셔츠가 없습니다. 더 정확히 말하자면 별것 아닌 티셔츠는 있어도 별것이 되어줄 티셔츠는 없다는 거죠. 아뿔싸! 내가 만든 기획에 내가 참여하지 못하는, 그야말로 자기 무덤을 판 것 같은 기분에 휩싸여 있다가 문득 저를 구해줄 구원 투수가 떠올랐습니다. 재작년 12월의 끝자락, 어라운드의 10주년을 기념하며 열린 '발견담'을 위해 만든 굿즈 티셔츠예요. 일상 속 어디에나 녹아 있는 티셔츠처럼, 읽는 이의 곁에 가까이 머물고 싶은 《AROUND》의 바람을 담았어요. 당시에는 '월간 티셔츠'라는 이름으로 모두에게 소개했죠. 도화지처럼 새하얀 옷 위에는 일러스트레이터 세아추 작가의 그림과 함께 "why are you wearing a book?"이라는 문구가 적혀 있습니다. 뒷면 목덜미에도 앞면에 있는 영문구가 작게 쓰였네요.

검은 콩처럼 눈코입이 동글동글한 캐릭터는 자기 몸만 한 책을 들고 있어요. 가만 보니 책을 읽다가 우리와 눈이 마주친 것 같기도 하고, 몸에 꼭 맞는 책을 입고 있는 것 같기도 합니다. 티셔츠에 들어가는 그림을 정하기 위해 어라운드의 모든 식구가 시안들을 뚫어져라 쳐다보며 신중하게 투표하던 기억도 떠오르네요(웃음). 한 장의 티셔츠로 말미암아 저에게 좋아하는 옷을 고르는 것은 어떤 의미인지 곱씹어 봅니다. 옷이란 나를 내가 원하는 모습으로 만들어 주는 도구가 아닐까요? 나아가 입는 행위는 현재의 나에게만 유효하기에, 어제까지의 내가 어떤 옷을 입었느냐는 중요하지 않아요. 오늘의 내가 되고 싶은 방향을 따라 하얀 티셔츠든, 샛노란 티셔츠든 덥석 골라 머리부터 집어넣으면 된답니다.

지정현

어라운드 브랜드 프로젝트 매니저

정현이 고른 것

유니폼브릿지Uniform Bridge의 나바호
패턴 티셔츠. 가격은 4만 원.

함께 입고 싶은 것

품이 여유로운 올리브색 바지와 옥색 비즈 팔찌, 보헤미안처럼 보일 샌들.

옷장에서 티셔츠 한 장을 골라달라는 동료의 부탁을 받고
기쁜 고민에 빠졌습니다. (덕분에 야근하고 있네요. 명주 씨,
고마워요!) 이 티셔츠는 대학교에 다닐 때 구매했는데, 10수
정도로 원단이 두꺼워서 여름에는 살짝 더울 정도예요.
그땐 이런 헤비 코튼 티셔츠가 유행이었는데, 가슴팍에
있는 '나바호'(미국 남서부 지방의 원주민을 이르는 말로,
독창적인 기하학 무늬를 넣어 직물을 만들었다.) 패턴이 마음에
들어서 쿠폰을 써가며 품에 넣었어요. 무난한 컬러의
티셔츠라 그때나 지금이나 곧잘 손이 갑니다. 이 옷의
특별한 점은 한 가지 더 있습니다. 오른쪽 밑단을 보면
고양이 패치가 붙어 있는데요. 군대 가기 전, 친구들이랑
술을 마시고 담배를 피우다 티셔츠에 '빵꾸'가 나버렸어요.
구멍이 난 것도 깜빡하고 있는데, 엄마가 동대문시장에서

고양이 패치를 구해서 꿰매주셨죠. 왜 고양이냐고 물어보니
"귀엽잖아."라는 간단한 답이 돌아왔습니다. 저는 바로
수긍했고요. 덕분에 세상에 하나밖에 없는 물건이 돼서
더욱 각별하게 생각하는 티셔츠입니다. 저는 티셔츠가
모든 옷차림의 시작이라고 생각해요. 기본으로 챙겨
둬야함과 동시에 그날 입은 옷 중 가장 임팩트가 있어야
한다고요. 특히 여름에는, 이 한 장으로 승부하겠다는
거창한 다짐으로 티셔츠를 사 모아요. 핑크, 레드, 그린처럼
평소에는 엄두도 안 내는 컬러를 시도하고 사이즈가 안
맞는 것도 갖고 있습니다. 저한테 옷은 굳이 입을 열지
않아도, '대충 이런 거 좋아합니다.'라고 어필할 수 있는
직관적인 표현 수단이에요.

정종혜

브랜딩 에이전시 에디터

종혜가 고른 것

리버풀FC의 챔피언스리그 우승 기념 유니폼. 공식
온라인숍에서 9만 3천 원 정도. 비싼 배송비 별도.

함께 입고 싶은 것

무엇을 걸쳐도 좋다. 이 옷을 입는 날은 유니폼만이
주인공이니까.

제 옷장에는 입기 위한 것보다 기억하기 위한 티셔츠가
있습니다. 좋아하는 선수와 응원했던 순간을 간직하기
위한 축구 유니폼이죠. 이 옷은 잉글랜드 프리미어리그에
속한 리버풀FC의 챔피언스리그 우승을 기념하기 위해
제작됐어요. 당시 리버풀은 삼 대 영으로 지고 있던 경기를
동점으로 만들었고, 승부차기에서 우위를 거두며 우승컵을
들어 올렸습니다. 경기가 열린 도시의 이름을 따 일명
'이스탄불의 기적'이라고도 불리는 경기에서 'Man Of
The Match'로 뽑힌 선수는 제가 가장 좋아하는 스티븐
제라드였죠. 유니폼 스폰서인 칼스버그와 유럽 챔피언의
로고, 리버풀 로고가 새겨져 있고, 다섯 번째 우승컵이라
별도 다섯 개나 수놓아져 있어요. 뒷면에는 제라드라는
이름과 등번호 8번이 큼지막하게 적혔고요. 구단에서 자체

제작한 기념품이기에 리버풀 옷을 담당했던 리복 마크가
없는 점이 기존 유니폼과 다른 특별함이랍니다. 저는
이 옷을 리버풀의 중요한 경기가 열릴 때, 우승컵을 얻었을
때만 입어요. 전날까지만 해도 간절함이 절절하게 흘렀는데
새빨간 유니폼을 입고 나서는 날은 기쁨만 가득합니다.
출근을 하든, 우승 기념 케이크를 사러 가든 '내가 우승팀
팬이라니!' 하며 호들갑도 떨어줘야 해요. 먼 나라의
축구팀을 좋아하는 일이 여간 쉽지 않다 보니 경기를
잘하지 못하면 순간 '다른 팀을 좋아할까?' 싶은데, 방에
걸린 유니폼을 보면 그럴 수가 없어요. 졸린 눈을 비벼가며
본 수많은 경기, 나를 웃고 울린 선수들이 모두 한데
떠오르니까요.

민수기

편집숍 '므스크샵' 대표

수기가 고른 것

아티스트 윤협의 일러스트가 그려진
티셔츠. 비매품.

함께 입고 싶은 것

패션 디자이너 드리스 반 노튼Dries Van Noten이 쇼 피날레에 등장하던 스타일처럼
흰 티셔츠 위에 블루 스트라이프 셔츠 걸치기. 단추는 꼭 두 개를 풀어야 한다.

시기가 정확히 기억나진 않지만, 2004년쯤 윤협 작가가
자신의 일러스트를 넣은 티셔츠를 제작해 가까운
이들에게 선물했어요. 그때 두 장을 받았죠. 가슴팍에
그래픽 일러스트가 크게 프린트되어 있고 티셔츠의
사이즈가 큰 데다가, 작가 사인이 안쪽 목덜미에 새겨져
있는 게 특징이에요. 얼핏 봐도 아시겠지만, 하도 많이
입어서 목 부분이 늘어나고 무언가를 흘린 흔적도 그대로
남아 있습니다(웃음). 윤협 작가는 어릴 때부터 같은
동네에 살던 형인데 멋있어서 제가 따라다녔어요. 형들
쫓아다니면서 같이 노래도 듣고, 낡은 데크를 하나 구해서
스케이트보드를 타기도 했고요. 그 형은 골목길에 그래피티
태깅을 할 때 티셔츠에 새긴 것과 같은 구름 캐릭터를
그리곤 했는데요. 현재의 그림체와는 꽤 다른 모습이에요.

이젠 더 이상 보기 어려운 그림이라고 생각하니까 티셔츠가
더욱 소중하게 느껴지네요. 아, 그리고 처음에 두 장을
선물로 받았지만 지금 남은 건 한 장뿐이에요. 므스크샵이
국내에 처음으로 소개한 해외 브랜드 '아워 레가시'와
미팅을 할 때 그들에게 선물로 주었거든요. 생각해 보니
이런 게 티셔츠의 매력 아닐까요? 입기 쉽고 선물하기도
쉽고, 반대로 소장하기도 쉬운 점이요. 우리의 일상
어디에서든 티셔츠라는 존재에 접근하기 쉽잖아요.

조광훈

웹 매거진 '데일리 그라인드' 대표

광훈이 고른 것

초콜릿Chocolate Skateboards의
스케이트보드 티셔츠. 아마도 3만 원.

함께 입고 싶은 것

펑퍼짐한 티셔츠에 맞는 넉넉한 청바지와 밝은 컬러의 모자. 청바지는 무조건
치골에 걸치고 밑단에 곱창 주름을 만들어 줘야 한다.

티셔츠는 저에게 취향으로 판가름할 수 있는 존재가
아닙니다. 사계절 내내, 집 안이든 밖이든, 보드를 탈 때든
타지 않을 때든, 편한 자리든 격식 있는 자리든, 셔츠를
입을 때조차 항상 안에 티셔츠를 입습니다. 저한텐 생존
방식이나 다름없어요. 이건 2004년이나 2005년쯤
이태원에서 구입한 스케이트보드 브랜드 '초콜릿'의
티셔츠입니다. 원래는 파란색이었고, 가슴 중앙에
초콜릿의 아트 디렉터인 에반 헤콕스Evan Hecox가 디자인한
'Chocolate Chunk' 폰트로 팀원들 이름이 배열되어
있죠. 평소 광팬이었던 터라 이 티셔츠를 발견하자마자
구매했지만, 파란색을 소화하기란 여간 어려운 일이
아니었습니다. 그렇게 옷장에 고이 모셔두고 잊어버린
어느 날, 무려 17년이 흐른 뒤에야 이 티셔츠를 다시

펼쳤는데 접힌 부분이 누렇게 변색되어 있었어요. 어차피
못 입게 된 옷, 색이나 뺄 셈으로 락스에 물을 풀어 담가
두었더니 매력적인 연보라(혹은 진한 핑크)색으로 변했죠.
개성과 추억이 깃든 이 녀석은 그렇게 애착 티셔츠로
부활했습니다. 저는 옷이 날개를 달아준다는 말을 믿어요.
그날의 옷이 마음에 들면 어디서든 자신감이 생깁니다.
가끔 약속 시간에 쫓겨 서두르다가, 마음에 들지 않는
핏으로 나서는 날에는 하루 종일 기분이 석연치 않습니다.
특히 스케이트보딩에서는 스타일이 멋의 73퍼센트를
차지하기에 나름 머리부터 발끝까지의 밸런스에 신중을
기하죠. 아무리 봐도 좋아하는 옷으로 멋을 부리는 행위는
저의 동력원이 분명하네요.

남아름

의류 브랜드 '트락타트' 대표

아름이 고른 것

트락타트Traktat의 발터 벤야민 티셔츠.
6만 8천 원.

함께 입고 싶은 것

사실 옷을 입을 때 바지를 먼저 고른다. 그 이후에 잘 어울리는 색의 그래픽
티셔츠를 입는다.

저와 이재영, 조수근이 이끄는 트락타트의 티셔츠를 소개하고 싶습니다. 저는 대학에서 문학을, 대학 밖에서는 철학과 예술이론을 공부했습니다. 자신감과 열정으로 대학원에 진학했으나 팬데믹 시기인 터라 연구를 생활화하거나 적응하기에 어려운 나날이었죠. 결국 요원해진 졸업 대신 활로를 찾아 공부한 내용을 살려 브랜드를 시작했습니다. 철학자 발터 벤야민의 눈에서 빨간 빛이 뿜어 나오는 이 티셔츠는 사실 우리 셋을 위한 것이었어요. 브랜드를 오픈하기 전 함께 철학 세미나를 열고 페미니즘 교지도 만들며 밤을 새우다가 아침에 동묘에 가서 옷 구경을 하곤 했거든요. 그 시절의 추억이 담긴 티셔츠가 이제는 트락타트의 상징적인 옷이 되었네요. 왜 철학자의 눈에서 빛이 나오는지 궁금해하실 텐데요. 저에게는 어려운 이론서를 읽기 전에 항상 작가가 어떻게

생겼는지 사진을 검색하는 독서 습관이 있습니다. 조금은 사적인 장면들, 편안한 분위기에서의 사진을 검색하다가 카메라 렌즈를 정면으로 응시하는 모습을 발견하면 저장해 두었어요. 눈빛은 많은 것을 말해줍니다. 그 총명함을 참 사랑하는데요. 마찬가지로 형형한 벤야민의 눈빛을 빛으로 표현한 거예요. 이 티셔츠는 뒷목과 어깨의 시접선을 옷 안쪽에서 봉제하는 방식인 '아웃사이드 바인딩'으로 제작되었어요. 어깨선을 따라 뒷목 선 위로 하나의 원단이 덧대어져 있어 양장본 책처럼 튼튼하죠. 실제로 입으면 웅장하고도 강력해진 기분이 든답니다. 이야기를 나열해 두고 보니, 주변 사람들과 이야깃거리가 되고 스스로도 메시지가 인식되는 티셔츠가 매력 있는 것 같아요. 누군가 우리를 괴짜로 보더라도요.

Video Storyteller

With Dessert

a book?

A Walker

Open A Letter

My Own Space

나의 첫 점프슈트

정확히 세어보진 않았지만 옷장에 점프슈트가 아마도 열다섯 벌은 족히 있을 거다. 옷이 많은 편이
아니라는 걸 감안하면 정말 많은 편이다. 이제는 점프슈트 마니아라고 자부할 수 있는 나의 점프슈트
역사는 10년 전으로 거슬러 올라간다. 내가 10년이나 꾸준히 좋아한 게 점프슈트 말고 또 있을까?

글 정다운   사진 박두산

현지인처럼

여행 가방 하나를 들고 바르셀로나에 갔다. 2년 정도 살 계획이었다. 꼭 필요한 소지품, 책 몇 권 그리고 고춧가루 등 당장 필요한 식재료를 넣었더니 가방 하나가 금세 꽉 찼다. 이불이며 옷 등은 바르셀로나에 가서 사기로 했다. 들고 간 가방이 작기도 했지만, 그 나라에서 입을 옷은 그곳에서 사는 편이 대체로 좋다. 여행으로 갈 때도 그렇다. 나라마다 기후가 다르고, 옷 입는 스타일이나 유행이 다르기 때문에 한국에서 챙겨 간 옷을 입으면 나와 배경이 동떨어진 기분이 들 때가 많다. 국적도 쉽게 들킨다. 낯선 곳에서 옷차림만 보고 한국인임이 드러나는 건 재미없는 일이다.

옷뿐만이 아니다. 현지인들이 사는 집과 비슷한 곳에 묵고, 그들이 먹는 음식을 먹고, 그들처럼 입고 거리를 걸으면, 그때 비로소 이 지역에 사는 사람들도 보인다. 여행지가 아닌 삶의 터전으로 보일 때, 배경과 내가 적당히 어우러질 때 비로소 내가 원하는 여행이 시작되곤 한다. 하물며 사는 건 더 그렇다. 바르셀로나에 도착해 오래된 스페인식 아파트를 얻어 짐을 풀었고, 동네 시장에서 장을 봐 음식을 해 먹었다. 집 근처 골목이 조금 익숙해졌다. 내 얼굴을 알아보는 사람들이 생겼다. 그러니 이제 옷만 스페인 사람들처럼 입으면 된다. 스페인에 도착한 건 5월이었고, 이미 바르셀로나에는 여름이 와 있었다. 스페인 사람들은 여름이면 민소매 셔츠에 짧은 반바지를 입고 거리를 활보한다. 남녀노소 모두 그렇다. 그렇다면 나도 그들처럼 입어볼까 하며 옷가게에 들어갔다. 하지만 옷에 눈길이 갈 때마다 나도 모르게 '한국에서도 이 옷을 입을 수 있을까?' 하는 생각을 했다. 그리고 결국 가게를 나오며 내 손에 들린 건 평범한 원피스였다. 옷장에는 결국 반팔 원피스, 긴팔 원피스, 청원피스가 쌓였다. 구입처가 바르셀로나라는 것만 빼면 한국에서 입던 옷과 크게 다르지 않았다. 아무튼 스페인에서 산 옷이니, 현지인 다 되었다고 대충 결론지으며 살았다.

용기가 필요해

스페인에서 함께 지낸 친구 윤진이는 여름 내내 점프슈트를 입고 다녔다. 점프슈트를 일상복으로 입는 사람을 주변에서 처음 봤다. 입기도 불편하고 벗기도 불편하고, 화장실에선 대체 어떻게 하지. 낯설어서 그런가 불편한 점만 떠올랐다. 저런 역동적인 옷을 평소에 입고 다니는 사람도 있구나.

참으로 명랑한 윤진이 같으니라고. 그렇게 남 일처럼 여겼다. 아무튼 윤진이 덕분에 점프슈트라는 옷이 세상에 존재한다는 걸 알게 되었다. 알게 되면 보이는 법. 어느 날 백화점에서 옅은 푸른색 진으로 만든 반팔 반바지 점프슈트를 보았다. 문득 '어, 나도 한번 입어 볼까.' 하는 마음이 들었다. 재미 삼아 갈아입고 나왔는데, 어라, 나쁘지 않다. 원래 청바지와 청남방을 좋아하는 편이라, 위아래로 모두 청으로 이루어진 옷이 썩 잘 어울렸다. 다만 짧은 바지 길이가 조금 신경 쓰인다. 내 안의 한국인이 튀어나왔다. 점프슈트는 덩치 큰 내가 입기에 너무 튀는 옷 같아. 살 마음으로 입어본 건 아니었으니까 다시 옷걸이에 걸어두었다. 그런데 이상하지. 저녁에 집에 왔는데도 자꾸 그 옷이 떠올랐다. 하지만 내가 입을 만한 옷은 아니었으니까. 옷이란 건 입고 싶다고 다 입을 수는 없는 거라고 생각했으니까. 그 옷이 걸어오는 말을 무시했다. 그때 나에게 점프슈트를 입는 건 용기가 필요한 일이었다. 두어 달이 지나 여름 세일이 시작되었고, 그 옷이 50퍼센트 세일 가격을 붙인 채, 옷걸이에 걸려 있는 걸 봤다. 이건 인연이다 싶어 불쑥 사버렸다. 세일이 용기를 불어넣어 준 셈이다. 점프슈트를 들고 집에 돌아오는데 처음 오토바이에 타고, 처음 고수를 먹던 날과 비슷한 기분이 들었다. 말하자면 내 안에 있던 어느 가는 선을 넘어버린 것이다. 선을 넘기 전에는 존재하는지도 몰랐던 선. 그리고, 나는 그해 여름, 그 옷이 없었으면 대체 외출을 어떻게 했을까 싶을 만큼 줄곧 그 옷만 입었다.

점프슈트를 사던 시점과 비슷한 시기에 숏팬츠도 한 벌 샀다. 한참 살까 말까 고민하던 아주 짧은 길이의 청반바지. 입으면 허벅지가 모두 드러난다. 숏팬츠를 사는 데도 점프슈트를 사던 것과 비슷한 용기가 필요했다. 이걸 산다고 해서 입을 수 있을 것 같지 않았고, 혹 바르셀로나에서는 입는다 하더라도 한국으로 돌아가서 이걸 입게 될까 다시 생각하면, 그럴 수 없을 게 뻔했다. 그러다 어느 날, 70퍼센트 할인이 적용돼 만 원도 안 하는 숏팬츠를 발견했고, 샀다. 혹 한국에서 입지 못하더라도, 아니 스페인에서도 못 입더라도, 집에서만 입더라도, 추억으로 간직하더라도, 괜찮을 가격이라 부담 없이 구입했고, 그 팬츠를 나는, 점프슈트와 함께 여름 내내 입었다. 비로소 한국을 떠나 스페인이라는 곳에 사는 기분이 들었다. 문득, 내가 이 옷을 한국에서도 입을 수 있을까 생각하면 여전히 대답하기 어려웠지만, 뭐 어때 지금 여기에서 입고 싶은데. 그리고 스페인에 사는 동안 서너 벌의 점프슈트를 더 샀다.

숏팬츠는 여전히 옷장에 있다. 한국에선 한 번도 입지 못했는데, 버리려고 할 때마다 설레서 아직 버리지 못했다. 인생 처음으로 샀던 옅은 파란색 점프슈트는 지금도 입는다. 몇 년 후 같은 브랜드, 같은 디자인, 다른 컬러의 점프슈트를 발견하곤 추가 구매하기도 했다. 하도 입어 옷감이 부들부들해졌는데, 실은 그래서 더 좋다. 여름이 시작된 요즘 다시 나의 교복이 되었다. 이 옷을 입었을 때 내가 가장 나 같다.

점프!

직구 사이트나 좋아하는 의류 브랜드 홈페이지에 들어갈 때면 가장 먼저 점프슈트 카테고리를 클릭해 구경한다. 쇼핑몰에 점프슈트 카테고리가 있다고? 인터넷 쇼핑깨나 한다는 사람 중에도 놀라는 사람이 있을지 모른다. '아니, 점프슈트가 뭐지?'라고 묻는 사람도 분명 있을 것이다. 나 역시 첫 점프슈트를 만나기 전까지 내 세상에 점프슈트라는 종류의 옷은 존재하지 않았으니까.
점프슈트는 영어로 'Jumpsuit'라고 쓴다. 브랜드마다 다양한 명칭으로 불리는데 '오버올Overall'이라고 검색해야 하는 경우도 있으며, '올인원All-in-one'이라고 표현하는 곳도 있다. 반바지 점프슈트 '롬퍼Romper'로 분류한 곳도 있다. 간혹 '보일러슈트Boilersuit'라고 불리기도 한다. 스페인 사이트에서는 '모노Mono'라고 한다. 아무튼 상의와 하의가 붙어 있는 옷이다.
원피스를 입고 나가면 한껏 차려입은 걸로 착각하는 사람들이 있는데, 아는 사람은 알겠지만 사실 원피스는 세상에서 가장 편한 옷이다. 아랫도리와 윗도리를 어떻게 맞출지 고민하지 않고 한 벌만 골라 입으면 되며, 품이 넉넉한 원피스를 입으면 움직임도 무척 편안하다. 특히 스타킹을 신을 필요가 없는 여름엔 원피스 하나만 훌러덩 입으면 되니 이보다 편할 수가 없다. 바람도 위아래로 숭숭 통해 시원하다. 그런데 점프슈트는 바로 그 장점을 모두 가지고 있으면서, 바지! 얼마나 편한지. 원피스를 자주 입는 사람이라면 점프슈트도 좋아할 가능성이 높다.
알려진 바로 점프슈트가 처음 만들어진 건, 낙하산에서 뛰어내릴 때 입기 위한 용도였다고 한다. 그래서 이름에 뛴다는 뜻의 'Jump'가 들어간 것이다! 높은 고도의 추위로부터 몸을 보호하고, 낙하산의 중요한 작동을 방해하지 않도록 특수한 목적으로 만들어진 옷이라고 한다. 그러다 미군 전투복으로 쓰이고, 비행기 정비사나 청소부가 입는 등 점차 활용 폭이 넓어지면서 주로 야외 작업복으로 많이 입었다. 카레이서들이 자동차 사고로부터 몸을 보호하기 위해서 입기도 하고, 관리의 간편함 때문에 죄수복으로도 입는다. 잘 알다시피 우주복도 점프슈트다. 신생아들에게도 점프슈트를 많이 입힌다. 페인트공인 내 친구도 작업복으로 점프슈트를 선호한다. 확실히 편한

활동을 돕는, 기능적인 옷이다.
알고 지내는 목수는 목공 일을 할 때 반드시 점프슈트를 입는다. 허리춤에 연장통을 걸고 일을 하는데, 바지를 입으면 연장통 무게 때문에 자꾸 바지가 흘러내려 신경 쓰인단다. 하지만 점프슈트를 입으면 그럴 일이 없어 정말 편하다고 했다. 게다가 사이즈가 큰 점프슈트는, 입고 있는 옷 위에 그대로 덧입을 수 있어서, 일을 마치고 점프슈트만 벗으면 바로 다른 약속에 갈 수도 있어 좋다고 한다. 점프슈트 예찬을 듣다가 나는 목수와 하이파이브를 할 뻔했다. 사실 내 주변에 점프슈트를 입는 사람은 거의 없고, 나는 점프슈트를 입고 다니는 사람과는 언제든 하이파이브를 할 준비가 되어 있다.

옷이 날개라면

음, 나는 물론 점프슈트가 편해서 입기도 하지만 한편으론 '멋있어서' 입는다. 대체로 트레이닝복 같은 스타일의 점프슈트를 입지만 몸에 착 붙는 걸로 골라 입는 날도 있다. 정장 스타일 점프슈트도 있고, 등 부분이 훌쩍 파지고 다리 면적의 대부분이 드러나는 짧은 길이의 점프슈트도 한 벌 가지고 있다. 저마다 다른 멋이 있다.
실은 지금도 여전히 점프슈트를 꺼내 입을 때마다 0.1초 정도 고민한다. 이거 입어도 되나? 하지만 그때마다 점프슈트를 처음 사던 날의 용기를 떠올린다. 점프슈트를 입을 때마다 나는 조금 더 용감한 '나'가 된다. 그래서 점프슈트를 입고 거리를 걷는 내가 좋다. 옷 한 벌 챙겨 입는 것만으로도 내가 좋아진다니. 그렇다면 매일 입어도 되는 거 아닌가. 계절마다 한 벌씩 새로 사도 괜찮지 않을까.
만일 어느 날 옷이 날개가 되고, 그 날개로 날게 된다면 그 옷은 점프슈트가 될 것이 분명하다. 나는 그렇게 믿는다. 그러니 할머니가 되어도 점프슈트를 입어야지. 점프슈트가 나를 날게 해줄 테니까. 옷을 입고 날아야지. 최초에 하늘을 날기 위해 만들어진 옷, 점프슈트를 입고 나도 언제까지나 자유롭게.

패션을 리스펙트하라

글 배순탁—음악평론가·〈배철수의 음악캠프〉 작가

01. 'Vogue'
— Madonna

02. 'Sirius'
— The Alan Parsons Project

03. 'Money for Nothing'
— Dire Straits

'옷'에 관해서라면, 사과부터 먼저 한다. 솔직히 별로 말할 게 없다.
나는 속칭 패션 무식자다. 패션의 종류, 패션의 역사, 패션의 위대함에 대해
귀동냥으로 들은 게 거의 전부다.

어쨌든 변호를 해보자면 이렇다. 나는 음악, 영화, 게임, 만화 등에 대해서라면 조금은 재미있게 '썰'을 풀 자신 있다. 그러나 이 정도가 딱 한계다. 언제나 잊지 않으려고 한다. 자신의 한계가 어디까지인지를 잘 알아야 한다. 나는 괜히 아는 척하다가 나락행 급행열차 타고 싶지 않다.

그럼에도, 내가 패션 관련해 쓸 수 있는 소재가 딱 하나 있다. 바로 영화 〈악마는 프라다를 입는다〉(2006)다. 적시하자면 나 역시 앤 해서웨이가 연기한 영화 속 주인공 앤디와 비슷했다. 앤디는 사실상 패션에는 별 관심이 없다. 그냥 1년 정도만 스펙을 쌓기 위해 버티기로 한 상태다. 그녀의 꿈은 저널리스트다. 아무리 저 유명한 《런웨이》(《VOGUE》를 모티프로 만든 가상의 잡지)라지만 패션지에서 일하는 것 따위, 미래를 위한 디딤돌 그 이상도 그 이하도 아니라고 여긴다. 이런 이유로 은근슬쩍 패션을 무시하는 경향도 있다. 시대를 고민하는 유능한 저널리스트가 되길 원하는 그녀한테 패션이란 그저 겉치레에 불과할 뿐인 것이다.

내가 가장 좋아하는 영화 속 대사는 다음과 같다. 여기에서 미란다는 《런웨이》의 깐깐하기로 유명한 편집장인데 대배우 메릴 스트립이 연기했다. 좀 길다.

　　미란다: 뭐가 웃기지?

　　앤디: 아니, 아니요. 그러니까… 제 눈에는 지금 고르고 있는 그 벨트들이 전부 똑같은 파란색으로 보이거든요. 뭐… 저는 지금 이런 '것'들을 배우는 중이니까요.

　　미란다: 이런 '것'들이라고? 오. 그래. 알겠네. 너는 지금 이 상황과는 전혀 연관이 없다고 생각하고 있나 보네? 그러니까 예를 들자면 넌 사람들에게 "뭐, 난 몸에 뭘 걸치는지 따윈 별 관심 없어."라는 태도를 보이고 싶어서 옷장을 열고 그 퉁퉁하고 촌스러운 '파란' 스웨터를 골라 입었겠지. 그런데 네가 전혀 모르고 있는 게 하나 있어. 그건 그냥 '파란색' 스웨터가 아니라는 거야. 그건 옥색도 아니고 제비꽃색도 아니고, 사실 셀룰리안 블루거든. 물론 넌 당연히 모르고 있겠지만. 2002년 오스카 드 라 렌타가 셀룰리안 블루로만 이뤄진 컬렉션을 발표했지. 그 이후에 이브생 로랑도 셀룰리안 블루 밀리터리 재킷을 선보였고. 그러자 다음 시즌엔 여덟 명의 다른 디자이너들이 셀룰리안 블루를 들고 나왔지. 당연히 백화점엔 셀룰리안 블루 컬러가 깔리게 됐고. 결국 마지막으로 끔찍한 캐주얼 코너까지 흘러 들어간 거야. 두말할 필요도 없이 넌 그런 곳에서 재고 정리 세일 때 그 옷을 건졌을 거야. 그러니까, 네가 선택한 그 '파란색'은 수백만 달러의 자본과 셀 수 없이 많은 패션업계의 사람들이 만들어낸 노력의 결과물인데 우습지 않니? 결국 이 방 안에 있는 사람들의 노력으로 네가 그 스웨터를 고른 건데 지금 네 선택이 패션업계와 전혀 상관없다고 생각하고 있다는 게 말이야.

으아. 망치로 머리를 얻어맞은 것 같았다. 각 잡고 나 자신을 반성했다. 우리는 습관처럼 존중을 내뱉는다. 거의 파블로프의 개라도 되는 것처럼 존중이라는 단어를 남발한다. 영화를 보면서 저 대화를 처음 접했을 때 나는 존중이라는 단어에 대해 다시 숙고하기 시작했다.

그래서 내린 결론은 이렇다. 기실 우리가 향유하는 모든 문화는 다 연결되어 있다. 음악도, 영화도, 패션도, 게임도, 사진도, 미술도, 스포츠도 다 마찬가지다. 속살을 들춰보면 이 문화들은 조금씩 서로의 영역에 걸쳐 있다. 우리가 상대의 영역을 존중해야 하는 가장 큰 이유다. 그렇다. 문화에서 교집합이 없는 집합은 존재하지 않는다.

여전히 나는 패션에 별 관심 없다. 그냥 "엉망진창만 아니면 괜찮아." 정도의 태도를 고수한다. 헤어숍에 가서도 '커트' 이상을 해본 적이 없다. 머리카락에 뭘 바르지도 않는다. 그러나 패션에 해박한 사람들을 동경하는 마음도 없지 않다. "어떻게 저걸 다 알지?" 싶을 때가 한두 번이 아니다.

어떤 분야든 그 분야에 정통한 사람들이 반드시 엄존한다. 적어도 내 경험상 '정확하게 정통한' 사람들은 도리어 다른 분야를 깎아내리지 않는다. 섣부르게 심판하지 않는다. 끝내 존중을 지킨다.

그래서 나도 언제나 명심하려 한다. 에덴으로 가는 사다리는 오직 한 개만 있는 게 아니다.

'Vogue'
Madonna

영화 정보를 보자마자 이 곡 안 썼으면 반칙이라고
생각했다. 과연, 주인공 앤디가 자신감 넘치는 걸음으로
뉴욕의 거리를 활보할 때 이 곡이 근사하게 흘러나온다.
가히 〈악마는 프라다를 입는다〉의 가장 멋진 장면이다.
원래 이 곡은 마돈나가 '보깅' 댄스에 영향을 받아 발표한
음악이다. 원래 보깅은 게이 커뮤니티에서 폭발적인 인기를
끌었던 춤이다. 이후 마돈나의 이 곡 덕분에 세계적인
인지도를 획득했다.

'Sirius'
The Alan Parsons Project

패션에 관심 있었던 적이 아주 잠깐 있었다. 중학생 시절
NBA가 엄청난 인기를 끌면서 에어 조던 열풍이 처음 불던
때였다. 정말이지 그때는 에어 조던 농구화가 꼭 있어야
했다. 물음표가 트레이드마크인 게스 청바지도 필수였다.
어쨌든 이 곡은 NBA를 보면서 알게 된 노래였다. 바로
마이클 조던Michael Jordan의 소속팀 '시카고 불스Chicago
Bulls'의 선수 입장 음악이다. 몇 년 전 시카고 불스의 홈
경기장 유나이티드 센터United Center에 가서 이 곡을 직접
들었다. 물론 발에는 에어 조던을 착용한 상태였다.

'Money for Nothing'
Dire Straits

이 곡이 오프닝 음악으로 등장하는 영화 〈킹스맨:
시크릿 에이전트〉(2014) 본 사람, 한국에 특히 많다.
유독 우리나라에서 큰 인기를 끌었던 이 시리즈는
속칭 '슈트빨'로도 화제를 모았다. 나 역시 슈트에 대한
로망 정도는 있다. 언젠가 근사한 슈트 하나 장만하고
싶은데 문제는 역시 나의 하찮은 몸매다. 패완얼(패션의
완성은 얼굴)도 따져야 하지만 패완몸(패션의 완성은 몸)도
그에 못지않게 중요하다. 아는 사람은 다 알겠지만
〈킹스맨〉에서 주인공들이 입는 슈트는 '새빌 로Savile
Row'산이다. 일명 슈트의 성지라고 불리는 영국 런던의
거리다. 한데 이걸 어쩌나. 처음 새빌 로라는 단어를
들었을 때 나는 이게 브랜드 이름인가 싶었다. 이거 봐라.
내가 이렇게 패션 무식자다. 참고로 록의 역사를 통틀어
최고의 패셔니스트로 꼽히는 뮤지션이 한 명 있다. 바로
롤링 스톤스의 드러머였던 고故 찰리 와츠Charles Watts다.
평생 새빌 로에서 만든 슈트만 고집했다고 한다.

[I'm Breathless](1990)

[Eye in the Sky](1982)

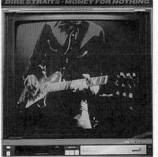

[Brothers in Arms](1985)

한때는 뽀대 작살이었던 사람

나이가 들수록 나 자신에게 무례해지지 않기 위해 관리한다.

글·사진 김건태

세상에 처음 눈을 떴을 때 나는 발가벗고 있었다. 당연한 이야기라고? 그걸 당연하게 여길 정신이 내겐 없었다. 잔뜩 옷을 껴입은 어른들이 신생아실 유리 너머에서 나를 구경거리로 삼는 게 영 불쾌했다. 그래서 더 크고 서럽게 울었다. 생각해 보면 할머니도, 아버지도, 똥강아지 쪼꼬도, 저 멀리 칭기즈칸도 처음엔 자기만의 옷이 없었다. 발가벗고 태어났을 땐 모두가 평등했다. 우는 것 외엔 아무것도 표현할 수 없으니까. 자신을 포장하지 않아도 괜찮았으니까. 하지만 문명사회에선 모두가 옷을 입는다. 나같이 저질스러운 몸을 가진 사람에겐 특히 더 두꺼운 갑옷이 필요하다. 자신을 더 멋지게 감추기 위해 나는 옷을 산다.

어릴 때부터 옷에 관심이 많았다. 고등학교 시절, 맥도날드에서 시급 2천 백원을 받아가며 모은 돈으로 동대문에 갔다. 당시에는 인터넷 쇼핑이나 스마트폰이 개발되지 않았기 때문에 직접 옷가게로 발품을 팔아야 했다. 밀리오레, 두산타워, 프레야타운까지, 동대문은 온갖 짝퉁과 보세 옷이 난무하던 쇼핑의 메카였다. 딱 달라붙는 아디다스 저지와 카키색 비니, 허리춤에 힙색까지, 그곳은 '핫 패숀 피플'에게 필요한 모든 것이 모인 최첨단 쇼핑센터였다. 동대문에서 산 옷을 입고 학교에 간 날이면 친구들은 말했다. "너, 뽀대 작살이다!(맵시나 모양새를 이르는 '본때'와 '작살난다'의 합성어로, '레알로 멋드러진다'는 뜻을 갖는다. 이 용어는 이후로 '간지 와방', '킹왕짱' 등으로 진화했다.)"

그러나 요즘의 패션은 감히 따라갈 수가 없다. 딱 달라붙는 바지가 유행이래서 샀는데 한 해가 지나면 촌스러워 입을 수 없고, 큰맘 먹고 산 패딩도 계절이 지나자 한물간 디자인이 돼버렸다. 올해는 와이드핏과 벌룬핏 바지가 유행이라는데, 그런 알리바바 마술사 같은 옷은 차마 소화할 수가 없다.

홍대에 살고 있어서 출퇴근길마다 '요즘 아이들'을 본다. 요즘 아이들의 패션은 전부 뉴진스 같다. 나도 젊어 보이고 싶어서 남자 아이돌의 패션을 눈여겨보는데, 그들은 나와 체형 자체가 다르다. 저 아이들은 대체 뭘 먹고 자란 걸까? 나도 어릴 때부터 아보카도나 올리브유 같은 걸 먹었다면 다리가 좀더 길어졌을까? 문득 성장기 어린이에게 청국장과 물김치만 먹인 할머니가 원망스러워졌다. 그렇지만 돌아가신 분을 그런 식으로 추념하는 건 무례한 일이다. 80년대 밀리오레 키즈가 주제넘게 홍대에 사는 탓에 이런 고민도 하는 것이다.

패션은 자신이 사는 환경에 따라 결정되는 것 같다. 도시에 살 때
아버지의 옷장에는 날이 바짝 선 정장 바지와 깨끗하게 세탁한 흰색
와이셔츠가 가득했다. 서랍에는 와이셔츠에 어울리는 넥타이와 검은색
장목 양말이 말끔히 정리돼 있고, 깔끔한 키높이 구두는 늘 광이 났다.
그야말로 아버지는 모던한 도시 회사원의 표본이었다. 그러던 아버지가
귀농을 결심하고 가장 먼저 한 일은 옷장 정리였다. 선물로 받은 고급
와이셔츠를 비롯해 금빛 넥타이핀, 다림질 선이 바짝 선 정장 바지를
처리했다. 경조사용 정장 한 벌을 남겨두고 필요 없는 옷을 버리자,
아버지의 옷장에는 옷이 세 벌도 남지 않았다. 텅 빈 옷장을 보며
아버지는 어쩌면 자신의 커리어가 전부 사라졌다고 생각했을지도 모른다.
자신을 증명할 방법이 옷뿐이라는 사실을 통감했을 때 아버지는 얼마나
서러웠을까?
한번은 대학교 동아리 정기 모임에 소싯적 강남 나이트클럽의
댄싱퀸이었던 선배 누나가 나타났다. 아이 셋의 엄마가 된 누나는
동남아에서 산 코끼리 바지와 목이 늘어난 티셔츠를 입고 있었다. 누나는
'패션'이라는 단어를 아예 잊은 사람처럼 보였다. "언니, 요즘 많이
힘들지?" 미혼인 후배의 말에 누나는 티셔츠에 묻은 이유식 자국을
닦아내며 대답했다. "니들도 애 키워봐, 내 거 살 돈으로 애들 옷 하나
더 사게 돼." 그때 누나 옆에서 유부남 동창이 격하게 고개를 끄덕였다.
그는 결혼 직후 20킬로그램이 불었다고 했다. 누군가를 챙겨야 한다는 건
자신에게 소원해지는 일이겠지. 나는 유부남의 웅장한 뱃살을 꼬집으며
가능한 한 오래 나 하나만 돌보기로 다짐했다.

잘 꾸미기 위해 필요한 게 뭘까? 아무래도 돈일 거다. 어릴 땐 돈이
궁했다. 나이키 신발 하나를 사려고 몇 개월 동안 알바를 했다. 시간이
지나 이제는 해외 직구도 아무렇지 않게 주문할 수 있을 만큼 돈을
번다. 하지만 새 옷보다 급하게 돈 쓸 일이 계속해서 생긴다. 나이가
들었기 때문이다. 얼마 전엔 잇몸에 염증이 생겨 병원에 갔더니 의사가
임플란트를 권했다. 멀쩡한 이를 뽑고 잇몸의 병균을 긁어내고 가짜 이를
심는 데 몇백만 원이 깨졌다. 한 달 뒤 건강검진에서는 대장의 용종을
떼어내는 데 또 몇십만 원이 깨졌다. 최근에는 부러진 쇄골에 박아 넣은
철심을 제거하기 위해 수술을 했다. 이번에도 몇백만 원이 깨졌다. 고장
난 몸을 고치느라 새 옷을 살 여력이 점점 사라져갔다. 해가 지날수록
혈압은 높아지고 노안에, 탈모에, 관절염까지, 신체 구석구석 고쳐야
할 부위가 늘어갔다. 젊을 때는 돈이 없고, 나이가 들어선 건강이 없다.
그러므로 나는 좋은 옷을 사는 것보다 나쁘지 않은 몸을 만드는 게 더
중요하다는 생각에 이르렀다.
기왕이면 근육이 좀 있는 게 낫겠다는 생각에 크로스핏을 등록했다.
〈피지컬: 100〉 속 우람한 덩어리를 보면서 '나도 조금만 하면 저런 몸이
돼버리는 건가?' 하고 긴장했다. 큰 착각이었다. 일주일에 세 번씩 입에서
피맛이 날 정도로 운동했는데, 한 달 후 인바디에 찍힌 내 근육량은
놀라울 정도로 작고 귀여웠다. 충격적인 자아 성찰 이후 선택의 기로에
놓였다. 개미 코딱지만 한 근육 좀 얻겠다고 매일 욕 나오는 자기 관리를

할 것인가, 아니면 수십 년 그러던 것처럼 소파에 누워 감자튀김이나
씹다가 잠들 것인가.

사실 답은 이미 정해져 있었다. 혼자 사는 40대가 누추해지지 않으려면
생활 습관 전부를 개선해야 했다. '패션은 단순히 옷을 잘 입는 기술이
아니라 자기를 만들고 배려하는 삶의 기술'이라던 패션 큐레이터의
말처럼, 나 자신에게 무례해지지 않기 위해 자신을 관리해야 했다.
오래된 수건을 바꾸고, 베갯잇을 자주 빨래하고, 치실을 사용하고,
어울리는 향수를 뿌리고, 외출할 때 선크림을 바르고, 옷에선 항상
섬유유연제 향이 나도록 하고, 손발톱이 길게 자라지 않게 자르고, 눈썹의
장수털을 자르고, 겨드랑이를 제모하고, 음식을 씹을 때 입을 벌리지
않도록 하는 일련의 습관들. 몸에 좋지 않은 음식을 멀리하고, 부정적인
언어를 말하지 않는 노력. 개선해야 할 일들을 한꺼번에 적으려니 갑자기
남은 생이 절망적으로 느껴졌다. 왜 신은 나를 차은우로 만들지 않아서
좌절하게 하는가.

인터넷 명언을 찾아보니 '마음이 변하면 태도가 변하고, 태도가 변하면
습관이 변하고, 습관이 변하면 인격이 변하고, 인격이 변하면 인생이
변한다.'라고 한다. '당신, 인생이 그렇게 호락호락하게 변할 거 같아?'
생각하다가도 일단 속는 척 마음 정도는 먹어보기로 한다. 일단 쿠팡에
접속해 코털 가위를 주문하는 것부터 시작. 선크림을 주문하고, 치실을
주문하고, 송월타월을 주문하고, 그렇게 인생 준비물을 담아낼수록 내
안의 허기는 깊어져 갔다. 나는 홀린 듯 빅맥과 감자튀김을 주문했다.
"이게 진짜 마지막 감튀다!" 아무도 없는 방에서 혼자 기합을 넣었다.
습관은 습관이고 감자튀김은 맛있으니까. 마침 라지 사이즈가 다
떨어져서 미디엄 사이즈를 주문했다. 안 그래도 튀김 좀 덜 먹으려고
했는데 이거 완전 럭키비키잖아! 즐겁게 먹으면 영 칼로리니까, 나는
오늘도 원영적 사고를 흉내 내며 합리적인 인간인 양 연기한다.

세상에 없는 마을

웃의 기억들

글 이주연(산책방) 일러스트 휘리

어린 시절엔 운이 좋았다. 살아온 동네를 생각하면 정말 그렇다. 내가 살던 동네엔
좋은 어른이 많았다. 그때 만난 나쁜 사람이라곤 "주머니에 있는 거 나 줘." 하던
("다 내놔."가 아니었다.) 하굣길 날라리 언니밖에 없었다. 친구들이 체육복 사서 돈이
하나도 없다고 도리질 칠 때, 순순히 주머니에 있던 이백 원을, 긴요하게 필요한
일이 있겠거니 하면서 양손으로 내민 걸 생각하면 동네 사람들을 어지간히 믿고
의지했지 싶다.
어린 시절을 생각하면 대체로 여름이 떠오른다. 이웃과 어울리기 좋은 계절인
까닭일 테다. 미취학 아동이던 시절엔 동네 언니, 동생들이랑 친하게 지냈다.
어른들도 그런 것 같았다. 대단히 사교적이지 않은 우리 엄마도 지은이 아줌마,
나민이 아줌마, 효주네 엄마 등등 어떤 이는 아줌마로, 어떤 이는 엄마로 표현되는
여자 어른들과 종종 담소를 나눴다. 동네를 거니는 시간엔 꼭 이웃들과 마주쳤다.
아줌마 혹은 누구네 엄마들은 "이따 커피나 한잔해!"라는 말로 여자 어른들을
모았다. 굳이 시각을 정하지 않아도 자연스럽게 어울리던 시절이었다. 누구든
얼굴만 알면 거리낌 없이 자리로 초대하던 여자 어른들은 친절하고 호쾌했다.
엄마를 쫓아 쫄레쫄레 따라가서 시원한 커피를 한 모금 마시는 건, 집에서
만들어 먹던 팥빙수에 버금가는 여름의 낙 중 하나였다. 우리 동네 여자 어른들은
여자아이들에게 뭐라도 하나 먹이고 싶어 하는 상냥한 사람들이었다. 언니,
동생들과 놀고 있으면 용케 찾아서는 감자를 삶아 흑설탕과 함께 건네주던 우리
엄마도 그런 어른 중 하나였다. 행여나 놀다 깨 먹을까 유리 대신 플라스틱 그릇을
챙겨 나오던 엄마. 딸과 여자아이들에게 먹이고 싶어 하던 상냥한 어른의 마음이
어린 나를 정답게 살찌웠다.
그 동네에서 보낸 숱한 날 중 지금껏 잊히지 않는 한 장면 역시 여름이었고,
동네였고, 어른들이 만들어준 것이었다. 혼자 아파트 단지를 거닐던 어느 낮,

'사마귀알'이라 부르는 하얀 것이 덕지덕지 붙은 가지 앞에서 솔솔 부는 바람을 맞고
있는 여자 어른들이 보였다. "안녕하세요!" 인사하고 지나가는 나에게 맞인사를
해주던, 계단에 나란히 앉아 있던 어른들. 얼굴만 봐도 우리 아파트 사람인지
아닌지, 몇 동 사는 누구인지, 이름은 뭔지 아는 것이 당연했는데 그 어른들은 모두
어디에 사는지, 우리 아파트 사람이 맞는지 잘 모르겠는 얼굴들이었다. 그러나
정다운 말투만은 내 동네의 그것을 닮아 있었다. 이 어른들은 누구일까 생각하며
걸을 때 유난히 귀에 꽂히는 목소리가 있었다. 그다지 큰 목소리는 아니었는데,
바람을 타고 귓가로 날아와 크게 들렸던 걸까. "저 애는 항상 저렇게 발목을 다
덮는 양말을 신어. 한여름에도 양말 벗은 걸 본 적이 없어." 그 순간 내 어떤 부분이
완성되었던 것 같다. '한여름에도 발목까지 오는 양말을 신는 여자아이.' 어린
마음에도 나는 그 이미지가 좋았다. 원체 맨발로 다니는 걸 좋아하지 않지만, 그
이야기를 들은 후론 항상 '발목을 다 덮는 양말'만을 고집했다. 발목을 다 드러내는
캐릭터 발목 양말이 유행하던 중학생 시절에도 나는 발목을 넘어 종아리까지 닿는
양말만 골라 신었다. 안 신은 듯 발가락만 보호하는 덧신이 유행할 때도 발목 위로
올라오는 양말을 신고 구두를 신었다. 친구들은 하얀 양말과 검은 구두를 보고
'검정 고무신'이냐며 놀렸고, 멋 내보고자 산 샌들에 목이 긴 양말을 겹쳐 신으면
"그 패션 뭐냐."며 웃었다. 그럼 나도 같이 웃었다. 나에게 발목 위로 올라오는
양말은 패션이 아니라 어린 날의 정다움이어서 웃지 않을 재간이 없었다. 운이
좋아 다정한 어른들과 지내온 덕에 만들어진 한여름의 이미지. 가끔 양말 신은
발을 내려다보면서 생각한다. 한여름 벤치에 앉아 홀짝홀짝 받아먹던 냉커피 맛을,
실컷 뛰어놀고 계단에 앉아 주섬주섬 까먹던 포슬포슬한 감자 맛을. 양말에서 맛을
떠올리는 건 좀 우스운가 하면서 오늘도 나는 목 높은 양말을 쫙 끌어 올려 신는다.

아티스트와 도화지

밥을 먹고 나면 마법 같은 일이 벌어진다. 내 주변, 내 옷엔 꼭 멋진 그림이 한 폭 그려져 있다. 수십 년간 겪어오며 어렴풋이 알게 되었다. 내 곁엔 어쩌면 음식으로 그림을 그리는 아티스트 귀신이 있는지도 모른다는 걸. 앞접시를 받치고 각별히 조심하며 먹어도, 앞치마를 두르고 신경 쓰며 먹어도, 홈웨어를 입고 널브러져 재빨리 먹어도 이 아티스트는 용케 그림을 그린다. 김치찌개를 먹은 날엔 붉은 노을을, 튀김을 먹은 날엔 노오란 별을, 물만 마신 날엔 얼룩덜룩 지도를…. 언제, 어디서, 누구와 뭘 먹어도 신기할 정도로 여기저기 뭔가 묻고, 쏟고, 엎어 작품이 생긴다. 기묘한 일이다.

나와 밥을 자주 먹는 사람들은 여러 가설을 내놓는다. 혹자는 내가 젓가락질을 이상하게 해서 그런 거라고 했다. 젓가락질이 잘못돼서 뚝뚝 떨어뜨리는 거라고. 말한 대로 내 젓가락질이 정석은 아니다. 교과서에서 가르치는 정석이 셋째 손가락 끝으로 젓가락을 지지하는 모양이라면 나는 셋째 손가락 중간으로 젓가락을 받친다. 한눈에 보면 이상한지 모르는데 유심히 보면 묘하게 다른 그런 모양새다. 그렇지만 나는 이 젓가락질로 미끄러운 콩도 잡고, 좁쌀도, 잣도 잘 잡는다. 쌀알 옮기기를 할 땐 1등도 했다. 그렇게까지 허술하지 않고 오히려 세밀한 편에 속한다. 결정적으로 이 논리의 맹점은 포크나 숟가락으로 밥을 먹어도 떨어뜨린다는 데 있다. 포크질은, 숟가락질은 잘못하려야 할 수가 없는데. 포크로 먹을 땐 음식물이 살짝 찍혀 옷에 흔적을 남기며 바닥으로 굴러떨어진다. 콱 찍었다 해도 한 입 베어 물면 남은 면적이 작은 탓인지 제대로 꽂히지 않아 흔적을 남기고 바닥으로 떨어진다. 파스타를 먹어도 돌돌 말다 소스가 옷깃에 다 튄다. 숟가락은… 국물을 오목한 부분에 담아 입으로 가져가는 게 다인데 턱으로 흐르고 옷에 묻고 다리에 떨어진다. 종종 양말과 신발도 엉망이 된다. 아….

어려서부터 그랬다. 자주, 아니 매번 뭘 흘리고 먹으니까 엄마는 "턱에 구멍이
나서" 그렇다고 했다. 젓가락질이 잘못되었다는 가설보다 훨씬 타당하다.
하지만… 턱에 구멍이 났기 때문이라면 손으로, 다리로, 어깨로 물컵과 텀블러를
넘어뜨려 기어이 문제를 만들고 마는 게 설명이 잘 안 된다. 팔꿈치에 대롱대롱
매달린, 다 말라버린 열무김치는 또 어찌 설명하랴. 음식으로 그림을 그리고 싶어
하는 아티스트 귀신이 붙어 다닌다는 편이 훨씬 설득력 있다.
음식을 묻히는 건 일상이어서 그다지 불편해진 않다. 원래 그렇게 살았고 지금도
그렇고 아마 앞으로도 그럴 테니까. 어느 순간 그러려니 하는 마음이 생겼다.
그래도 양심은 있어서 특별히 단정해야 하는 날엔 식사하지 않으려고 하는데,
어쩔 수 없는 날도 물론 있다. 한번은 아티스트가 아주 신이 난 날이 있었다.
미식의 도시, 부산에서였다. 설레는 마음으로 준비한 인터뷰를 제법 점잖게
마치고, 느긋하게 식사를 해보겠다고 기차 시간을 늦추고 노포에 들렀다. 수육과
국수만 파는 곳이었다. 맑은 음식이니 이 정도라면 조금 튀거나 묻어도 괜찮겠다
싶었다. 인터뷰도 마쳤겠다, 편안한 마음으로 수육을 한 점 집어 입에 넣는데
팔꿈치로 건드려 숟가락이 포물선을 그리며 떨어졌다. 별거 아니었다. 숟가락이
뒹굴며 점점이 뿌린 국물은 시간이 지나면 날아갈 터였다. 뭘 떨어뜨렸냐고, 다시
가져다주겠다는 식당 어머니께 "숟가락이요!" 외치며 식기를 주워 올려놓으려다가
뒤통수로 식탁을 세게 박았다. 어?… 무슨 일이 벌어졌는지 파악할 새도 없이 김치
두 접시가 머리 위로 엎어졌다. 살짝 흔들린 게 아니라, 만화처럼 그릇째로 머리
위에 쏟아졌다. 시뻘건 배춧잎이 눈앞에서 흔들리는 것을 보면서 오늘 아티스트
귀신이 작정하고 신이 났네 싶었다. 돌아오는 KTX에서 세 시간가량 빨갛게 물든
작품을 어찌나 골똘히 감상했는지….

"시간 다 됐다! 5분 남았어!" 영화 상영 시각이 코앞이었다. 친구와의 만남이나 인터뷰 시각, 회의 일시는 딱딱 잘 지키는 편인데 이상하게 영화는 늘 지나치게 일찍 도착하거나 급박하게 상영관으로 이동하게 된다. 그날 우리가 찾은 영화관은 백화점 꼭대기 층에 있는 곳이었다. 하필 관이 나뉜 백화점이어서 본관에서 별관으로 이동해야 했고, 우리가 있는 곳에선 상영관까지 올라갈 수 있는 엘리베이터가 없었다. 영화관은 7층인데 엘리베이터는 5층까지밖에 없었고, 10층까지 가는 엘리베이터를 찾아도 영화관과 연결되어 있지 않아 바쁜 와중에 헤매야 했다. 여긴가? 저긴가? 에스컬레이터를 서너 개쯤 바꿔 타면서 마음만 자꾸 조급해졌다. 이번에 타려던 에스컬레이터도 우리를 목적지로 데려다줄 수 없는 것이어서 또 다른 에스컬레이터를 찾아 두리번거렸지만 애석하게도 나는 방향치였다. 이 에스컬레이터가 아까 탄 에스컬레이터인지, 저 엘리베이터가 실패한 엘리베이터인지 가늠이 되지 않았다. 왜 이렇게 다 비슷하게 생긴 거야? 백화점 조명도 한몫했다. 이렇게까지 새하얗고 밝은 조명이라면 어디를 봐도 어지럽고 어디를 봐도 지나치게 반짝거려서 시야를 혼란스럽게 했다. 없는 정신을 꽉 붙들고 두리번거리던 그때, 한 여성의 옆모습이 눈에 띄었다. 금세 시야에서 사라졌지만 마음에 남은 모습. 단정하게 자리 잡은 똑 자른 단발과 과하지도, 부족하지도 않은 차림새가 잔상처럼 남았다. 그 바쁜 와중에도 다시 한번 보고 싶어서 바삐 고개를 돌렸지만 그 여자는 사라지고 없었다. 왠지 모르게 한 번 더 보고 싶은 모습이었다. 전생에 잃어버린 쌍둥이 같은 기분. 아주 잠깐의 강렬한 느낌도 시간에 쫓기며 바삐 움직이는 바람에 금세 잊게 되었다. 나는 친구와 손을 잡고 영화관으로 달렸다. 겨우 시각을 맞추어 자리에 앉았다. 어두운 상영관을 더듬거리며 관객들 사이를 헤집고 들어가 앉는 짓만은 하고 싶지 않았기에 (가방이 무겁고 부피가 커서 좁은 통로를 지나 앉는 게 고역일뿐더러 "죄송합니다." 속삭이는 목소리가 유난히 크게 들릴 걸 알기에 정말이지 싫었다.) 필사적으로 뛰어 자리에 앉은 건 안도할 만한 일이었다. 퍽 만족스러운 영화 전개와 결말에 기분 좋게 상영관을 나서면서 계속 영화에 관해 생각했다. 친구가 "영화 어땠어?" 묻기에 장면을 되감기하다가 문득, 아까 본 그 여자의 모습이 떠올랐다. 내가 좋아하는 단발머리, 칼같이 반듯하게 잘린 단발머리. 나 또한 늘 그것을 원해 긴 시간 머리 모양을 바꾸지 않고 그렇게 살아왔다. 그 여자의 옆모습이 또 이상할 만큼 머릿속에 꽉 찼다. 새카만 머리카락에 갓 뽑은 종이처럼 매끄럽게 펼쳐진 짧은 단발머리. 약간 좁은가… 싶은 어깨에 크게 아름답지도, 크게 못나지도 않은 그 가장 평범한 뒷모습이 영화 내용보다 먼저 떠오르는 덴 여러 이유가 있을 텐데 당최 모르겠다. 얼굴을 제대로 본 것도 아니고, 영화처럼 운명의 상대에게 첫눈에 반한 것도 아니고, 사실 1초도 채 안 되는 시간 동안 옆모습이 잠깐 스쳐 지나간 게 다인데 어떤 옷을 입었고, 어떤 가방을 들었는지까지 그려지는 사람이었다. 착각이겠지, 보지 않은 걸 보았다고 생각하는 거겠지, 사람 심리는 이상하지, 생각하면서 친구와 출구를 찾아 되돌아 걸었다. 영화관으로 향하는 엘리베이터가 어디에 있는지, 에스컬레이터는 어디에 있는지 헤매던 그 장소로 돌아왔을 때, 나는 다시 한번 그 여자를 만났다. 아까 보았을 때와 마찬가지로 거울에 잠깐 나타났다가 사라지려 하는 그 옆모습. 찰나의 시간에도 나는 저 여자가 아까 그 여자임을 알았다. 이번에야말로 제대로 보고야 말겠다며 고개를 돌렸을 때 나는 거울 속에 비친 여자의 모습을 보고 실소를 금치 못했다. '뭐야… 나잖아?' 그 여자가 내가 좋아하는 머리 모양을 하고 있던 건 당연했다. 그 여자의 옷차림이 눈을 감고도 선연하게 그려지는 것도 당연했다. 그 여자의 푸짐한 백팩이 그대로 그려진 것도 당연했다. 그러니까, 내가 나를 그릴 수 있는 건 너무나 당연한 일이었다.

옷이라는 작은 공부

나는 늘 비슷한 옷을 입고 다니는 사람. (하지만 새로 산 옷인데….) 옷에 관해 할 이야기가 풍부하지 않기에, 무언가를 말하다 보면 자꾸만 주제에서 벗어난 이야기로 흘러가 버리곤 한다. 그런데 만약 그런 게 가능하다면, 버린 옷들과 남아 있는 옷들에게 무엇을 물어볼 수 있을까?

글·사진 전진우

버리기

지난해 이사를 앞둔 나는 가진 옷의 절반을 네 차례에 걸쳐 없앴다. 한두 번은 의류 수거함에 넣어서 처리했지만, 이 방법은 옷을 수거함에 넣으면서 또다시 고민을 하게 되는 점, 도중에 몇 벌을 다시 가지고 오게 되는 단점이 있어서 그 이후로는 쓰레기봉투에 바로바로 처리했다. 그 옷 중에는 고등학생 때부터 가지고 있던 것들도 포함되어 있어 조금 과장하자면 내 평생의 의복들이었다. 수선한 흔적과 해진 부분들이 에피소드를 하나씩 떠올리게 하는. 그런 것들을 버리게 된 이유는 언제부턴 그저 쓸모없는 짐처럼 여겨졌기 때문이다. 따져 보니 입지 않고 걸려만 있는 옷이 참 많았고, 그런 옷들은 먼지 덩이가 아닌가, 하는 마음마저 생겨 버린 것이다. 한번 짐처럼 느껴지기 시작하자 많은 옷은 나를 답답하게 하고 둔하게 하고 지저분하게 하는 무엇이었다. 이걸 정리해 내지 못하면 내내 머릿속이 복잡할 거야. 나는 작은 결심을 내렸다.

예전에 베를린에서 연락이 닿아 만났던 한국인 친구 D가 있었다. 뒤늦게 도착한 또 다른 내 친구와 함께 우리 셋은 많이 걷고 또 많은 얘길 나눴다. 거짓말처럼 편안하고 뭉클했던 일주일이었다. D를 베를린에 남겨 두고 친구와 나는 한국에 돌아와 술자리를 가졌다. 많은 대화가 대부분 D에 관한 것이었다. 나는 그날의 대화가 어떻게 매듭지어졌는지 기억하고 있다. D가 늘 입고 나타났던 한 벌의 외투가 참 아름다웠다는 얘기였다. 그 외투는, 물론 그의 모든 표정과 행동과 함께 섞여야 하는 것이었지만, 내가 본 가장 아름다운 옷차림이었다. 말하자면 사라지는 옷이라고 해야 할까. 우리가 함께 있을 때 그 외투는 인식되지 않다가, 종종 D를 그리워할 때 인사하듯 떠올랐다. 옷이란 게 무언가를 말하고 있구나, 하고 느꼈던 것 같다. 우리가 말하고 표정 짓고 소리 내고 눈빛을 만드는 것처럼, 옷도 그런 아름다운 표현을 돕는 것이라고 인정되었던 것이다. 꼭 한 벌의 외투를 가져야 한다고 생각하는 건 아니지만, 지난 겨울옷을 한 무더기 내다 버리며 나는 D의 외투를 자주 생각했다.

놀림 받기

D를 만났던 베를린 여행에서의 일이다. 뒤늦게 합류한 내 친구 A와
나는 노이쾰른Neukölln 역 근처에 숙소를 잡고 지내며 아침이면 헝클어진
머리로 거리에 나가 아침 식사를 하곤 했다. 굳이 그렇게 하려고 했던 건
아닌데 길거리에 있는 작은 테이블에 앉아 아보카도가 들어간 브런치에
커피를 마시고 있었다. 원래는 손으로 먹었을 텐데 괜히 나이프를 쓰며
먹었다. 롤링 타바코를 만들며 마음속으로 약간 멋진데, 하고 생각했던
것 같다. 친구 A는 그 당시 청학동 스타일로 머리를 길러서 묶고 오클리
선글라스를 썼으며 리복 추리닝 바지를 입고 있었다. 내가 공중으로
던진 견과류 같은 걸 뒷짐 지고서 받아먹으며 기뻐하고 그랬는데, 지금
생각하면 우리 분위기에 취해 거리를 지나는 사람들에게 아무래도
피해를 줬던 것 같다. 어쨌든 그때 나는 그 친구가 개그맨 분장 수준으로
촌스럽다고 생각했었다. 몇 해가 지나 2024년이 되었다. 술자리에서
어쩌다 그때 얘기를 꺼내자 주변 친구들이 사진을 보여달라고 했다.
견과류 같은 걸 받아먹는 영상이 마침 있어서 나는 A에게 약간 미안한
마음으로 친구들에게 꺼내 보여줬다. 그랬는데 예상외로 패션 감각이
좋다는 의견이 쏟아져 나왔다. 그 흐름이 오히려 내 쪽으로 밀려오더니
전진우가 패션에 관해 말하는 게 우습다느니, 맨날 청바지에 스웨터만
입는 겁쟁이라느니 하는 식으로 전개가 됐다. 친구들이 꽤 진지하게
얘기했기 때문에 내 쪽에서는 반박하거나 의논하기보다는 듣고 있는 게
좋아 보였다. 친한 친구의 여자 친구도 있었는데, 나한테 "혹시 발전하고
싶은 마음은 있어요? 그게 중요한데."라고 물었다. "응, 있지." 나는 약간
멍한 느낌으로 대답했고, 그 대화는 그렇게 해서 무사히 마무리되었다.
그 술자리 중간중간 A는 귓속말하듯 다 들리게 "리복 바지 어디서 샀는지
알려줘?" 하며 웃었다. 나는 그 술자리가 여전히 꿈같고 어려운 공부의
시작처럼 느껴진다. 혹시 궁금한 사람들이 있을지 몰라서 베를린에서의
사진을 첨부해 두었다.

구멍 난 스웨터와 완벽한 티셔츠

옷장에 남긴 것 중에는 오래된 남색 (겁쟁이) 스웨터가 두 개 있다. 둘 다
무인양품에서 산 건데 하나는 2015년 즈음에, 하나는 2022년에 샀다.
무인양품에서는 아마 2030년에도 이 스웨터를 만들어서 판매할 것 같은
이미지가 있는데, 그게 이 브랜드의 매력이라면 매력일 것이다. 아무튼
오래전에 산 스웨터가 (내 생각에는) 유독 잘 어울려서 해질 정도로 입다가
몇 년 후 같은 스웨터를 발견해서 또 구매했다. 그런데 어째서인지 새로
산 스웨터는 재질과 사이즈가 똑같은데도 다른 옷처럼 낯설었다(물론
친구들은 둘 다 똑같다고 했다). 몇 번 입다 보면 비슷해지겠지, 하고
생각했지만 전혀 변함이 없어서 언제부턴가 손이 잘 안 가게 되었다.
그럼에도 불구하고 나는 둘 다 버리지 않았다. 특히 오래된 스웨터에는
소매 부분에 완두(개)가 물어뜯은 흔적이 있어서 그대로 간직하고 싶은
마음이다. 이 구멍은 사실 다른 이들이 더 좋아해 주었다. 너 옷에
구멍 났어! 놀라서 내게 말해주면, 나는 기분 좋게 어린 완두 얘기를
늘어놓는다. 호감을 얻기에 그만인 아이템이라고 해야 할까. 다들 귀여운
완두 얘기를 좋아해 주었다. 그랬기 때문에 어느 정도 친해지고 나서 좋은
한 방이 필요할 때 이 옷을 입고….
언젠가 친구들과 완벽한 반팔 티셔츠에 관해 이야기 나눈 적이 있다.
두께와 길이, 목 부분의 재봉 형태나 색깔 등 나름 평범하고 간단한 조건을
말하는데, 그 모든 조건이 담백하게 합쳐진 반팔 티셔츠는 아직 아무도
찾지 못한 모양이었다. '예전에는 완벽했는데….' 하는 식의 이야기도
나왔다. 이제 더 이상 완벽하지 않은 이유는 티셔츠에 딱 들어맞던 몸이
변했거나, 주변을 인식하는 시선이 변했기 때문이다. 고정값이 없는
상황에서 공식을 만들기란 참 어려운 일. 그렇게까지 이야기를 나누고
나니 아무래도 완벽한 반팔 티셔츠는 '우연히', '잠시' 마주치는 행복 같은
것으로 느껴졌다.
인간관계처럼, 또 매일 하고 있는 일처럼 옷을 고르는 일도, 옷을 버리는
일도, 옷을 잘 입는 일도 참 쉽지가 않아 보인다. 내가 아는 한 친구는
패션을 '누르는 것'이라고 정의했다. 어울리지 않더라도 자꾸 입다 보면
언젠가 어울리게 된다는 주장이었다. 억지로라도 웃으면 좋은 일이
생긴다는 시시한 진리처럼 말이다. 옷에 관한 이야기를 늘어놓았더니
이런 질문이 문득 남는다. 옷은 보여야 좋은 것일까. 사라져야 좋은
것일까. D의 외투와 A의 리복 추리닝 바지 그리고 구멍 난 무인양품
스웨터를 번갈아 떠올려 본다.

Essay

글·그림 한승재 — 푸하하하프렌즈

패션은 중요한가?

"패션에서 가장 중요한 건 무엇인가요?"

패션 디자이너 마크 제이콥스가 주인공으로 등장하는 다큐멘터리 〈Marc Jacobs & Louis Vuitton〉(2007)에서 제작진이 마크에게 물었다. 그는 이렇게 대답했다.

"'패션'과 '중요'라는 단어가 함께 사용될 수 있는지 모르겠어요."

이 다큐멘터리는 2007년 제작된 것으로, 당시 열혈 건축학과 학생이던 나는 그의 대답이 멋있지 않다고 생각했다. 그 대답은 진심이 아닌 것처럼 들렸다. 패션이 중요하지 않다니…. 단지 쿨해 보이려고 자신이 하는 일을 가볍게 치부하는 것처럼 보였고 그래서 멋있지 않았다. 만약 누군가가 나에게 건축이 중요하냐고 물어봤다면 나는 힘주어 건축이 중요하고 또 중요하다고 말했을 것이다. 제단도 중요하고 손잡이도 중요하고 난간도 중요하고 부에서 보는 것도 중요하고 안에서 보는 것도 중요하고….

정말 패션은 중요하지 않을 걸까? 패션 전문가가 아닌 내가 생각하기에도 패션은 정말 중요한 문제인데 많이다. 사람들은 누구든 다른 사람에게 자신을 드러내고자 하는 강력한 욕구가 있고, 조금만 틈을 줘도 자신에 대해 마구마구 이야기하는 사람들도 있다. 그럼에도 모든 사람들이 길 가는 사람들을 붙들어 세워 자신에 대해 설명하지 않는 것이듬 패션 덕분이라고 생각한다. 복장은 그냥 보기만 해도 어떤 사람인지 대충 알게끔 해준다. 그래서 패션은 중요하다. 패션은 그들이 누구인지 보여주는 것이고, 그들이 지향하는 바를 보여준다.

10여 년 전 처음 건축사사무소를 개소했을 무렵, 함께 일하던 동료가 '우리 이제부터 의사 가운을 입고 일해보는 게 어때다; '는 신박한 제안을 했다.

"우리도 전문가니까 전문가처럼 보이는 복장을…"

너무나 신박해서 좋은지 나쁜지 금방 판단할 수 없었다.

내가 생각하기로 동료의 의도는 남들에게 전문성이 있는 사람처럼 보이고 싶어 하는 것이었고, 조금 더 나아가자면 멋있어 보이고 싶어 하는 사람, 묵직 있게 자기 일에 몰두하는 사람처럼 보이고 싶어 했던 것이다. 의도는 좋겠지만 의사도 아닌데 가운을 입고 일한다는 게 너무 유난 떠는 모양이라서 나는 좋지 않은 표정을 지었다. 말을 개낸 친구는 이내 부끄러워했다.

"꼭 의사 가운을 입자는 게 아니고, 예를 들자면 그렇다는 거지…"

의사 가운을 입자는 이야기는 곧바로 속 들어갔고 동료는 이후로 의사도 연구원도 아닌데 정말로 의사 가운을 입는 사람을 볼 때마다 놀림을 당해야 했다. 종종 의사도 약사도 연구원도 아닌 것 같았다. 일종의 영업 전략이 있고 영업하는 사람들이 있었다. 그런 사람들을 길에서 마주칠 때마다 나는 친구에게 아무 맥락도 없이 물어보곤 했다.

"니가 말했던 게 저런 거였지?"

동료는 고통스러워하기도, 그만하라며 화를 내기도 했다.

의사 가운을 입자는 친구의 제안을 매몰차게 거절하긴 했지만, 사실 나는 의사 가운을 입는 것과 별반 다르지 않은 방식으로 패션을 이용하고 있다. 아무도 궁금해하지 않는 나의 패션엔 아주 복잡한 셈이 숨어 있다. 건축가로서 책상에 앉아 편하게 일하는 사람으로 보이고 싶지 않기 때문에 때론 더러운 작업복을 입는다. 명자와 중자와 드라이버 등 공구가 들어갈 수 있도록 주머니가 많이 달린 바지와 이미 더러워진 티셔츠를 입는다. 그것은 언제든 바닥에 앉아 작업할 수 있는 사람임을 보여주려는 것이다. 때로는 지나치게 눈에 잘 띄는 옷, 알록달록한 옷을 입고 다니며 사람들 눈에 띄기를 두려워하지 않는다. 검은 옷만 입는다고 조롱받는 다른 건축가들과 거리를 두려는 것이다. 그리고 사람들은 대부분 내가 원하는 대로 나를 이해해 준다. 가끔 직접 현장에서 나서를 조이기도 하는 독특한 건축가로, 행동력 있고 재미있는 사람으로, 내가 서 있는 위치를 금방 판단할 수 있게 패션을 이용하는 것이다.

행복하고 싶어요

패션에 진심이 아닌 사람도 이렇게나 패션을 중요하게 생각하는데 정작 패션에 몸담고 있는 사람이 패션이 중요하지 않다고 말하니 그 말을 믿을 수 없었다. 그러나 이상하게도 패션과 중요에 대한 물음은 쉽게 놓이지 않았다. 패션업계에서 일하는 건 아니지만 디자인과 관련된 여러 일을 해나가며 패션이 중요하다는 것에 대해 되묻는 시간이 많아졌다. 패션이 중요하지 않은가? 혹은 디자인은 중요하지 않은가? 정말로 중요하지 않은가? 그런데 조금 생각하다 보면 점차 아리송해지며 정말 그런지도 모르겠다는 생각을 하게 된다. 정말로 패션은 중요한 것이 아닐지도 모른다.

스티브 잡스는 같은 스타일의 옷을 여러 벌 구해 입었던 것으로 유명하다. 청바지와 검은색 터틀넥 셔츠와 뉴발란스 운동화. 그의 심플한 복장은 일 외에 다른 것에는 크게 신경 쓰지 않겠다는 실용적인 면모를 과시하는 것이었고, 그가 하는 군더더기가 없는 생각을 대변하는 것이었다. 자신이 즐겨 입는 셔츠가 품절되자 디자이너에게 그 제품을 다시 만들고 요청하기도 했는데, 그것이 실용성에 반하는 귀찮은 일이더라도 일관된 모습을 유지하는 것이 더 중요하다는 패션관을 보여준다. 그에게 패션은 무척 중요했다. 특별하지 않은 그 모습이 그에게 무척 중요했고, 패션을 통해 자신의 일관된 모습을 드러내는 것이 무척 중요했다. 그러나 그 모습만 보았을 땐 그가 패션을 중요하게 여겼을지는 몰라도 패션을 사랑했다고 말할 수는 없을 것 같다. 정말 패션을 사랑하는 사람에게 변함없는 자신의 모습이 없다는 점에 주목해 볼 필요가 있다. 그들은 시즌마다, 그리고 기분마다 변신을 한다. 패션을 사랑하는 이들은 '진짜 나의 모습'이나 '내가 추구하는 나의 삶' 같은 걸 패션에 투영하지 않는다. 이들은 남들 개구리가 되었다가 화창한 다음 날 무지개로 변신하기도 하는 이들은 변화무쌍한 사람이다. 패션을 사랑하며 진심인 사람들은 패션을 맞춰 자신을 변화해 나간다. 고유한

자신의 모습을 다듬어 나가기보다는 다양한 자신의 모습을 발견해 나간다. 괴물처럼 커다란 신발에 발을 넣어볼 생각을 감히 누가 할 수 있을을까? 걸레처럼 찢어진 바지를 입고 걸어 다닐 생각을 누가 감히 할 수 있을까? 패션을 그다지 중요하게 여기지 않았던 그들이기에 할 수 있었다. 그렇다면 대체 중요하다는 건 무엇인가에 대해 생각해 볼 필요가 있다. 패션에서 중요하다는 건 무엇인가? 패션에서 중요하게 생각해 볼 필요가 있다. 패션에서 중요하다고 생각했던 것이 넘들에게 나의 모습을 드러내는 것이었다면, 질문은 이렇게 바뀔 수 있다. 내가 그렇게나 중요한 것이 그렇게나 중요한가?

과장되지 않은 모습, 변치 않는 자신의 모습을 넘들에게 잘 보여줄 수 있다면? 누군가는 패션에게 그런 것을 기대할 수도 있을 것이다. 그러나 그것은 어디까지나 나의 중요성을 바탕으로 한 것이다. 내가 너무나 중요하기 때문에 패션을 수단으로 사용하는 것이다. 내 친구가 맞춰 입자고 말했던 의사 가운과 다르지 않은 패션의 사용법이다. 그러나 패션은 자신을 발견하기 위해 꾸준히 탐구하는 우직함보다는 시즌마다 자신을 갈아 치워야 하는 변덕에 가까운 것이다. 매일 변하는 날씨, 어제 길에서 주운 돌, 길 한가운데 생긴 물웅덩이 같은 것이다. 패션은 변덕이 죽 끓는 듯하여 시즌마다 바뀌는 취향이다. 그러나 이것을 조금 바꿔 생각해 본다면 새로운 변화을 할 수 있다. 무언가를 너무 중요하게 생각하지 않을 때 우리가 될 수 있는 것들에 대해 생각해 볼 수 있다.

패션이 그다지 중요한 것이 아니라서 어느 날은 개구리가 되었다가, 어느 날은 무지개가 될 수 있다. 그렇게 되고자 할 때 될 수 있는 것이 패션이기 때문이다. 마크 제이콥스의 말대로 패션은 중요하지 않을지도 모른다. 그럼에도 그것에 몸을 맞추는 것은 그것을 사랑하기 때문이다.

그러니 중요하지 않은 것이 얼마나 멋있는가?

엄마의 옷장

글 한수희
일러스트 규하나

우리 엄마는 멋쟁이다. 엄마의 옷장은 늘 온갖 옷들로 빽빽하고, 거울 옆
벽에는 패션 잡지에서 오린 사진들이 잔뜩 붙어 있다. 내 옷장은 엄마의 옷장의
삼분의 일 규모도 되지 않는다. 그리고 내 딸에게는 아예 옷장이라는 게 없다.

내 패션의 역사는 엄마의 옷장에서 시작되었다. 어릴 때 나는 엄마가 외출할 때마다 몰래 엄마 옷장에 있는 옷들을 다 꺼내 입어보고 화장품도 꺼내 발라보곤 했다. 갓 스물에 나를 낳은 엄마는 멋 부리기를 좋아해서 옷장 안이 늘 옷들로 가득 차 있었는데, 그건 직접 옷을 지어 입던 외할머니의 영향이었을 것이다. 젊은 시절 동네에서 소문난 멋쟁이였던 외할머니가 엄마는 자랑스러웠다고 했다. 하지만 나는 우리 엄마가 자랑스럽지 않았다. 사실 나에게 엄마는 미스터리한 존재였다.

엄마와 나의 싸움은 내가 아주 어릴 때부터 시작되었다. 특히 옷이 가장 큰 문제였다. 신체의 한계라도 시험하듯 뛰고 구르고 뛰어내리기를 반복하던 나는 하루에도 몇 번씩 넘어져 무릎에 상처가 가실 일이 없었다. 내가 그런 아이라는 걸 알면서도 엄마는 나를 바꿀 수 있다고, 저 애를 뜯어고치는 것이 자신의 의무라고 생각했다. 그래서 엄마는 내게 굳이 하얀 원피스와 하얀 스타킹, 구두까지 신겨서 내보냈다가, 역시나 문지방을 넘자마자 넘어져 우는 소리를 듣고 달려와서는 넌 대체 왜 그 모양이냐, 너 때문에 못 살겠다며 분통을 터뜨렸다.

사춘기가 되면서부터 본격적인 반항이 시작됐다. 나는 엄마가 사 온 옷이라면 보지도 않고 퇴짜를 놓았다. 왜 동의도 구하지 않고 함부로 옷을 사 오냐며 있는 대로 신경질을 부렸다. 엄마는 "지독한 년, 내가 다시는 네 옷을 사 오나 봐라!" 이를 갈고 나서도 기억상실증에라도 걸린 듯 또 옷을 사 와서 내 성질을 돋웠다. 우리 둘의 역사는 누가 내 삶(딸의 삶)의 주도권을 쥐느냐의 역사였다. 지배하려는 자와 독립하려는 자의 끝나지 않는 싸움이었다. 싸움이 소강상태에 접어든 것은 내가 스무 살이 되어 집을 나가, 우리 사이에 물리적인 거리가 생기면서부터였다.

우리 모녀는 옷 취향이 비슷하고 엄마도 나도 옷을 차려입는 건 좋아하지만 쇼핑은 못 견딘다. 항상 비슷비슷한 옷들이 걸린 옷장에서 가장 가까이에 걸린 옷을 손에 잡히는 대로 집어 대충 입는다. 그러다 지금처럼 여성복 매장 앞에 서 있으면 이 세상에는 옷을 정성껏 차려입는 여자들이 존재한다는 사실을 모를 수가 없고, 우리 둘 다 어떤 면에서 자질 미달이라는 것을, 늘 하던 대로 살다가 우리가 되어버렸다는 사실을 인식하고 만다. 우린 놀라울 정도로 비슷하게 자기만의 세상에서 고립된 채 살아온 사람들, 평생 서로의 생활 반경에서 벗어나지 못해 닮아버린 두 여자다.

— 비비언 고닉, 《사나운 애착》 중에서

비비언 고닉의 에세이 《사나운 애착》을 오랫동안 찔끔찔끔 읽었다. 오랫동안 과부로 살아온 엄마와 이혼녀가 된 딸은 종종 만나서 뉴욕 거리를 함께 걷는다. 다른 듯 똑같은 모녀의 산책은 다정함이나 친밀함 같은 단어들과는 거리가 멀다. 엄마는 딸이 자기를 미워하는 것이 이해가 되지 않고, 딸은 그런 엄마 때문에 돌아버릴 지경이다.

이제 60대 중반을 넘어 70대가 다 되어가는 170센티미터의 우리 엄마는 예전에도 그랬지만 요즘도 내 언니 정도로 보인다. 엄마는 어쩐지 날이 갈수록 더 멋쟁이가 되어간다. 나는 멋 부리는 엄마가 좋기도 하고 싫기도 하다. 어느 날 갑자기 외할아버지가 돌아가셔서 학교를 그만두고 가장이 되어야 했던 엄마. 그게 너무 힘들어 도망치듯 아빠에게로 온 엄마. 나는 그런 엄마가 평생 답답했다. 엄마는 왜 (아빠처럼) 검정고시를 보지

않았을까? 엄마는 왜 (아빠처럼) 방송통신대학에라도 가지 않았을까? 엄마는 왜 다른 사람이 되는 것을 두려워할까? 엄마는 왜 멋 부리는 것 말고는 관심이 없을까? 엄마는 왜? 타인에 대해 '왜?'라는 질문을 지나칠 정도로 많이 던지는 나의 근본에는, 어쩌면 나의 영원한 미스터리, 엄마에 대한 '왜?'가 있을 것이다.

　나는 엄마로 뒤덮여 있었다. 엄마는 어디에나 있다.
　　내 위아래에 있고 내 바깥에 있고
　　나를 뒤집어봐도 있다. 엄마의 영향력은
　마치 피부조직의 막처럼 내 콧구멍에, 내 눈꺼풀에,
　　내 입술에 들러붙어 있다. 숨을 쉴 때마다
　　엄마를 내 안에 들였다. 나는 엄마라는 마취제를
　　들이마시고 취했고 풍요로우면서도 밀실처럼
　　사람을 숨 막히게 하는 엄마의 존재감,
　　엄마라는 실체, 숨통을 틀어쥐는 고통받는
　　여성성에서 벗어날 수가 없었다.
　　　　　　　　　　　　　　—《사나운 애착》중에서

지난해 가장 즐겁게 본 영화 〈에브리씽 에브리웨어 올 앳 원스〉(2021)의 주인공은 중국에서 온 이민 여성 에블린이다. 다정하지만 무능한 남편 웨이먼드와 세탁소를 꾸리는 에블린은 일하랴 가족을 건사하랴 미소 지을 여유조차 없다. 가뜩이나 세무 조사 때문에 골치가 아픈 데다 몸이 불편한 아버지까지 돌봐야 하고 남편은 이혼 서류를 들이미는데 딸 조이가 레즈비언이라며 커밍아웃을 하자, 에블린은 거의 혼이 나갈 지경이다.
헤어날 수 없는 중년 여성의 위기에 처한 에블린 앞에 느닷없이 다른 우주에서 온 다른 버전의 웨이먼드가

나타난다. 물에 물 탄 듯 술에 술 탄 듯한 웨이먼드가 아닌, 액션 배우처럼 날렵하고 명민한 웨이먼드다. 어안이 벙벙한 에블린에게 그는 이 우주는 사실 무수히 많은 평행우주 중의 하나에 불과하며, 지금껏 에블린이 살아오면서 내린 작은 결정들이 엄청난 차이를 만들어 수많은 갈림길이 생겼다고 설명한다. 그리하여 다른 우주에서의 에블린은 생활에 찌든 지금의 에블린과는 전혀 다른 인생을 살고 있다. 액션 배우가 된 에블린, 가수가 된 에블린, 요리사가 된 에블린, 소시지 손가락을 가진 레즈비언이 된 에블린, 피자 가게 광고판을 앞뒤로 매달고 거리에 선 에블린. 그리고 조부 투파키라는, 딸 조이의 모습을 한 괴물이 모든 우주의 에블린을 하나씩 없애고 다닌다. 조이가 이렇게 변한 것은 알파버스의 에블린이 딸의 능력을 한계까지 몰아붙였기 때문이다. 이제 에블린은 자신이 망친 딸을 구해야 한다. 허무에 빠진 딸이 베이글 모양의 블랙홀로 빨려 들어가는 걸 막기 위해 모든 우주를 통틀어 가장 실패한 이 우주의 에블린이 딸을 구해야 한다. 그런데 그에게 과연 그럴 만한 당위가 있을까? 딸에게 이 인생이 허무하지 않다는 사실을 설득할 수 있을까? 이 에블린이? 황당하고 산만하며 유쾌한 이 멀티버스 코미디를 보며 많은 중년 여성들이 나처럼 눈물을 찔끔거렸으리라. 어느 순간 내가 낳아서 젖을 먹이고 기저귀를 갈아주고 손을 잡고 다니며 키웠던 그 아이가 맞나 싶은 다 큰 딸이 우리 집 한구석을 어둠의 기운으로 물들이고 있다. 가끔 거실이나 부엌에서 그 애와 마주칠 때마다 흠칫 놀라곤 한다. 저 애는 대체 누구지? 내 인생에 끼어든 저 커다란 사람은? 문제는 저 애를 만든 이가 바로 나라는 사실이다.
아주 오래전 유치원에 다니던 딸이 내게 생일 카드를 그려준 적이 있다. 그림 속에는 여왕처럼 차려입은 내가

가운데에 서 있었다. 딸은 나에게서 조금 떨어져 수수한 차림을 하고 있었다. 공주가 아니라 하녀처럼. 막 한글을 배운 딸은 삐뚤빼뚤한 글씨로 그림 위에 이렇게 썼다. "엄마 사랑해요. 내가 커서 엄마처럼 될 거예요." 나는 당황했다. 왜 나를 여왕처럼 그렸을까? 자신이 아니라 나를? 나처럼 되고 싶다고? 진심일까?

나는 엄마 같은 엄마가 되고 싶지 않았다. 내가 딸을 낳은 후 가장 집착했던 일은 엄마 같은 엄마가 되지 않는 것이었다. 나는 완벽한 엄마가 되고 싶었다. 우리 엄마처럼 자기 멋대로 딸을 꾸미려는 엄마가 아니라. 그러나 그건 쉽지 않았고, 나는 자주 절망했다. 결국 내 아이는 그 시절의 나처럼 우울한 얼굴의 무기력한 소녀가 되어버렸다. 사람은 그냥 아빠가 되고 그냥 엄마가 되지 않는다. 자신의 모든 문제를 안고 아빠가 되고 엄마가 된다. 절망한 나에게 친구가 말했다. "그냥 어쩔 수 없다고 생각해. 너를 엄마로 만난 것도 그 애들 운이니까."

한참 서로를 꼬챙이로 찔러대다가 엄마가 이렇게 말할 때도 있다. "이게 네 복이다. 너도 더 좋은 엄마 밑에서 태어났으면 좋았을 텐데 말이야. 세상천지 하나밖에 없는 엄마가 이것밖에 안 되는 사람이다." 나는 고개를 끄덕인다. "오랜만에 맞는 말 하셨네." 우리는 동시에 웃기 시작한다. 누가 됐든 우리 둘 다 악의적인 말은 피차 한 문자 이상 내뱉지 않기로 약속이라도 한 것 같다. 내 생각엔 자기가 어떤 사람인지, 상대에게 무엇을 원하는지에 골몰하는 대신 더도 덜도 말고 딱 1분이라도 그저 이 세상에 함께 존재하고 있다는 사실에 관심을 기울일 수 있게 됐을 정도로 그 긴긴 세월을 살아남았다는 사실에 우리 두 사람 다 감격하는 듯하다.
— 《사나운 애착》 중에서

엄마와 나는 더 이상 싸우지 않는다. 이제 내 인생의 주도권은 완전히 나에게 있다. 엄마가 내 인생에서 물러나자 나도 엄마를 더는 미워하지 않게 됐다. 엄마도 나처럼 자신의 문제를 안고 엄마가 되었을 뿐이다. 지금 우리는 비비언 고닉이 쓴 것처럼 '자기가 어떤 사람인지, 상대에게 무엇을 원하는지에 골몰하는 대신 더도 덜도 말고 딱 일 분이라도 그저 이 세상에 함께 존재하고 있다는 사실에 관심을 기울일 수 있게 됐을 정도로 그 긴긴 세월을 살아남았다는 사실'에 감격하고 있다.
10대 후반에 접어든 딸이 어느 날 나에게 물었다. "엄마, 나한텐 어떤 스타일이 어울릴까?" 나는 그 질문이 신기하고

반가웠다. 딸은 나에게 질문을 많이 하지 않는다. 그 애한테는 비밀이 많다. 조용히 관찰하고 아무도 모르게 판단을 내린 후 내색하지 않는 타입이다. 나와는 완전히 다르다. 그 애의 외할머니와 내가 다른 것처럼. 나는 딸에게 어떤 스타일이 어울릴지 고민해 줄 수도 있다. 하지만 그 고민은 딸의 몫으로 남겨두기로 한다. 대신 가벼운 조언 정도는 해준다. "일단 옷가게에 한번 가봐. 그리고 이 옷 저 옷 입어봐. 그러면서 네 스타일을 찾아나가는 거야." 이 세 마디가 내가 할 수 있는 전부다.

그럼에도 우리는 뉴욕의 온갖 거리를 걷고 걷고 또 걷는다. 엄마와 나는 둘 다 로어맨해튼에, 서로 1.5킬로미터 정도 떨어져 걸어서 오갈 수 있는 거리에 산다. 엄마는 뼛속 깊이 도시 여자이고 나는 그 엄마의 딸이다. 우리에게 도시는 고갈되지 않는 천연자원과도 같다. 우리는 버스 운전기사, 여자 노숙인, 검표원, 거리의 광인 들에게서 매일의 이야깃거리를 만들어내며 산다. 걷기는 우리 안에서 가장 좋은 것을 끌어낸다. 나는 마흔다섯, 엄마는 일흔일곱이다. 엄마는 아직 건강하고 기운이 팔팔하다. 맨해튼이라는 섬의 끝에서 끝까지 사순의 딸과 너끈히 횡단할 수 있다. 산책을 하며 서로에게 다시금 애정을 느끼기는커녕 서로 할퀴고 물어뜯기 일쑤지만, 그럼에도 불구하고 우리는 이 도시 어딘가를 항상 같이 걷고 있다.
— 《사나운 애착》 중에서

〈에브리씽 에브리웨어 올 앳 원스〉에서 에블린은 결국 딸을 구하는 데 성공한다. 조부 투파키가 허무의 베이글 속으로 몸을 던지지 않게 막아낸다. 에블린이 끝내 찾아낸 비장의 무기는 바로 이것이었다. 어떤 일이 있어도 함께 있어주는 것. 함께 있어주겠다는 다짐. 가장 쉬워 보이지만 가장 어려운 일. 엄마가 딸에게, 부모가 자식에게, 인간이 인간에게 줄 수 있는 최상의 것.
"이 모든 것들이 무의미하다 해도, 어디에서 무엇이든 될 수 있다 해도, 난 너와 함께 있고 싶어."

Movie—〈에브리씽 에브리웨어 올 앳 원스〉(2021), 다니엘 콴, 다니엘 샤이너트 공동 연출 | 유니버설 픽처스

Book—《사나운 애착》 비비언 고닉 | 글항아리

옷장 속 내 친구

가장 소중한 옷을 말해볼까요?

사연 있는 옷 | 발행인 송원준
코로나가 급속도로 퍼지던 때, 아내는 해외가 더 안전하다면서
LA 출장을 강행했다. LA행 항공편 승무원이 코로나에
확진됐고, 확진자가 폭증하자 몇몇 나라들은 항공편을 봉쇄했다.
무사히 돌아올 수 있을지 불안한 하루하루를 보내다가 다행히
아내가 돌아왔고, 파타고니아 매장에서 산 옷을 나한테 선물로
주었다. 이 옷을 입을 때면 그때가 한 번씩 생각난다.

좋아하는 옷은 하나일 수가 없다 | 편집장 김이경
옷장을 보면 흰색이 많다. 옷을 살 때 고민 없이 흰색을 고르고
집에 와 보면 옷장에 비슷한 옷이 있는 상황이 여러 번. 옷 관리를
그리 잘하지도 못해 오래 입은 옷이 별로 없다. 이런저런 시도를
해 보는 스타일이라 하나를 콕 집어 좋아하는 건 없고, 그날의
기분이나 상황에 따라 좋아하는 옷이 바뀌는 사람.

원피스 | 에디터 이명주
그중에서도 바지와 겹쳐 입을 수 있는 거라면 전부 좋아해!
무더위에 웬 말이냐고? '치마 안에 바지 입기' 회원들에겐 여름도
그저 한낱 계절일 뿐이랍니다.

노란색 체크 무늬 파자마 | 에디터 차의진
몇 년 전 생일에 중학교 시절 둘도 없던 절친한 친구가 선물한
파자마. 고등학교 편지 쓰기 시간에 그 친구에게 쓴 글을
낭독하면서 나는 그리움에 눈물을 흘렸더랬다…. 이제는 몇 년에
한번 연락을 주고받지만, 파자마는 늘 나에게 꼭 붙어 있다. 옷을
입을 때마다 마음으로 묻는다. 내 친구, 잘 지내지?

J가 선물한 목도리 | 디자이너 양예술
J와 처음 함께 맞았던 크리스마스 날, 서로 몰래 준비했던 선물이
목도리였다. 그날 이후로 나는 겨우내 그에게 건네받은 목도리를
둘러메고 다녔지. J가 나를 그리며 골랐을 목도리를 두를 때면
언제나 그가 내 곁에 자리하는 것만 같은 기분이랄까.

매거진은 어라운드, 자켓은 디젤 | 마케터 박하민
삼촌이 선물해 준 디젤 자켓. 고등학생 때 받았지만 실제로
입어보기까지 3년이 걸렸다. 몸이 커지면서 사이즈가 딱
맞아떨어지니, 멋 부릴 때면 이만한 자켓이 없다. 특별한
디자인은 아니지만 내가 입어서 특별한가보다. 왜 다들 어디서
샀는지 물어보는지.

유니폼으로 순간을 추억하는 이유 | 브랜드 프로젝트 디렉터 김진형
평소 NBA 보는 것을 좋아한다. 경기를 볼 때 좋아하는 선수의
이름이 새겨진 유니폼을 입고 응원하다 보면 내가 그 선수가
된 것 같은 쾌감을 느낀다. 그렇게 차곡차곡 모아둔 유니폼이
점점 많아지면서 작년부터는 그해에 가장 마음에 들었던 선수의
유니폼만 수집한다. 옷으로 기록하고 순간을 추억하는 나만의
독특한 습관이다.

보라색 폴로 체크 셔츠 | 브랜드 프로젝트 매니저 정현지
스무 살 때부터 벌써 7년째 함께 해왔다. 아이덴티라고 모두가
인정할 만큼 자주, 또 오래 입어서 길거리에서 옷만 보고 나를
알아보는 친구들이 있을 정도. 이미 소매와 밑단은 터진 지
오래지만, 세상에 딱 하나뿐인 빈티지라는 점과 이제는 그것보다
더 많은 추억이 쌓여버린 나의 '애착셔츠'다.

부모님보다 연상인 미군 파카 | 브랜드 프로젝트 매니저 지정현
1951년에 납품된 미군 파카. 소매 끈이 해져서 너덜너덜하고,
지워지지 않는 기름때가 묻어 있는 오래된 야상인데, 홍대와
천호동을 오고 가며 여기저기 발품 팔아 구했던 거라 소중히
여기고 있다. 부모님보다 오래된 파카가 내 옷장에 걸려있다는
사실이 경이롭다. 무거워서 평소엔 입지는 않지만, 엄마가 갖다
버리진 않을까 노심초사 중.

Vol.01 Vol.02 Vol.03 Vol.04 Vol.05 Vol.06 Vol.07 Vol.08 Vol.09 Vol.10 Vol.11
Vol.12 Vol.13 Vol.14 Vol.15 Vol.16 Vol.17 Vol.18 Vol.19 Vol.20 Vol.21 Vol.22
Vol.23 Vol.24 Vol.25 Vol.26 Vol.27 Vol.28 Vol.29 Vol.30 Vol.31 Vol.32 Vol.33
Vol.34 Vol.35 Vol.36 Vol.37 Vol.38 Vol.39 Vol.40 Vol.41 Vol.42 Vol.43 Vol.44
Vol.45 Vol.46 Vol.47 Vol.48 Vol.49 Vol.50 Vol.51 Vol.52 Vol.53 Vol.54 Vol.55
Vol.56 Vol.57 Vol.58 Vol.59 Vol.60 Vol.61 Vol.62 Vol.63 Vol.64 Vol.65 Vol.66
Vol.67 Vol.68 Vol.69 Vol.70 Vol.71 Vol.72 Vol.73 Vol.74 Vol.75 Vol.76 Vol.77
Vol.78 Vol.79 Vol.80 Vol.81 Vol.82 Vol.83 Vol.84 Vol.85 Vol.86 Vol.87 Vol.88
Vol.89 Vol.90 Vol.91 Vol.92 Vol.93 Vol.94 Vol.95 Vol.96

1년 정기구독

《AROUND》는 격월간지로 짝수 달 초에 발행됩니다. 정기구독을 신청하시면 어라운드를
온라인 콘텐츠로도 만나보실 수 있으며, 작업실 '발견담'의 이용권을 드립니다.

　《AROUND》 매거진(총 6권) & 온라인 콘텐츠 감상 & 작업실 '발견담' 이용권
　97,200원 / a-round.kr

AROUND NEWSLETTER

책에서 못다 한 이야기를 펼쳐 보입니다.
또 다른 콘텐츠로 교감하며 이야기를 넓혀볼게요.
홈페이지에서 뉴스레터를 구독해 주세요.

a-round.kr > Newsletter

Publisher

송원준 Song Wonjune

Editor in Chief

김이경 Kim Leekyeng

Editor

이명주 Lee Myeongju

차의진 Cha Uijin

Art Director

김이경 Kim Leekyeng

Senior Designer

양예슬 Yang Yeseul

Cover Design Guide

오혜진 O Hezin

Cover Image

손진규 Son Jinkyu

Photographer

강현욱 Kang Hyunuk

김혜정 Keem Hyejung

박은비 Park Eunbi

장수인 Jang Sooin

해란 Hae Ran

Céline Saby

Project Editor

이주연(산책방) Lee Zuyeon

김건태 Kim Kuntae

배순탁 Bae Soontak

양윤정 Yang Yvette

전진우 Jun Jinwoo

정다운 Jung Daun

지정현 Ji Junghyeon

한수희 Han Suhui

한승재 Han Seungjae

Illustrator

규하나 Kyuhana

이한 Lee Han

휘리 Wheelee

Marketer

박하민 Park Hamin

Copy Editor

기인선 Ki Inseon

Management Support

강상림 Kang Sanglim

Publishing

(주)어라운드

도서등록번호 제 2014-000186호

출판등록일 2009년 12월 5일

ISSN 2287-4216

창간 2012년 8월 20일

발행일 2024년 8월 7일

AROUND Inc.

서울시 마포구 동교로51길 27

27, Donggyoro 51-gil, Mapo-gu, Seoul, Korea

광고 문의 / 070 8650 6378

구독 문의 / 070 8650 6375

around@a-round.kr

a-round.kr

instagram.com/aroundmagazine

post.naver.com/pgbook2